발행일	2018년 11월 05일 초판 1쇄 발행
	2021년 11월 05일 초판 3쇄 발행
지은이	한현미
발행인	방득일
편 집	박현주, 허현정, 한해원
디자인	강수경
마케팅	김지훈
내지 일러스트	박상규

발행처	맘에드림
주 소	서울시 도봉구 노해로 379 대성빌딩 902호
전 화	02-2269-0425
팩 스	02-2269-0426
e-mail	momdreampub@naver.com

ISBN 979-11-89404-04-8 44610
ISBN 979-11-89404-03-1 44080(세트)

그러나 여기에 건축이라 불리는 경탄할 만하고 지극히 사랑스러운 것이 있다.
이것은 행복한 사람들이 만들어 냈고, 행복한 사람들을 만들어 낸다.
르코르뷔지에(Le Corbusier)

공간의 인문학

어떻게 더 행복한 공간에서 살 것인가?

한현미 지음

맘에드림

차례

1장　몸을 편히 눕힐 수 있는 공간　　　011

사적인 공간, 방　　　013

감정을 표현하는, 방문　　　015

나를 둘러싼 공간: 창문, 바닥, 천장, 벽　　　016

공유하는 공간, 거실　　　018

공간과 공간을 분리하는 건물 안의 벽, 내벽　　　021

자연과 사는 공간을 분리하는 건물 밖의 벽, 외벽　　　024

공간을 따뜻하게 감싸는 난방, 온돌과 난로　　　028

2장　공간의 가치: 경제적 욕망 vs 심리적 안정　　　031

과시와 경쟁의 대명사　　　033

단독주택과 공동주택　　　036

세계 최초의 아파트, 로마 '인술라'　　　037

불평등의 기원, 아파트　　　040

영혼이 따뜻하고 편안해지는 집, 한옥　　　043

3장 네모를 넘어 꿈꾸는 공간   053

학교를 둥글게 지으면 어떨까?   055

병영을 닮은 공간   058

미래의 꿈을 키우는 공간, 교실   060

전력 질주의 욕구가 스멀스멀 올라오는 복도   063

책의 바다, 생각이 자라는 곳, 도서관   064

근심과 번뇌를 푸는 공간, 해우소   069

4장 삶과 삶을 잇는 공간   073

같은 듯 다른 공간, 길과 도로   075

이야기와 풍경이 있는 공간, 골목길   077

장애물이 되는 길   080

모든 길은 로마로 통한다   082

길과 길이 만나는 공간, 광장   085

광장 민주주의와 촛불집회   087

차례

5장 인간의 욕망이 모이는 공간   091

도시의 기능별 공간   094

끝없는 욕망의 표현, 마천루   098

물질적 욕망을 위한 공간, 백화점   102

예술적 욕망을 위한 공간   111

6장 신과 인간, 죽은 자들을 위한 공간   119

승전의 영광을: 파르테논 신전   125

예수의 탄생, 수난, 영광: 사그라다 파밀리아 성당   128

자비로운 원형: 석굴암석굴   131

종교 건축물은 힘든 사람을 보듬는 공간이 되어야 한다   134

삶을 위한 공간: 사부아 주택, 향단, 병산서원   135

죽은 자를 기억하는 공간: 피라미드, 노무현 전 대통령 묘지   145

7장 공간의 느낌 157

변함이 없는 사랑: 돌로 지은 타지마할 159

가볍고 견고한 자연스러움: 나무로 지은 봉정사 극락전 163

빛을 가득 담은 찬란함: 유리로 지은 수정궁 166

강력하고 견고한 부드러움: 철로 지은 에펠탑 171

경건하고 엄숙한 기도: 벽돌로 지은 경동교회 173

8장 공간의 조화 177

점, 선, 면이 만나다: 직선형 181

선과 면이 휘어지다: 곡선형 184

면을 둥글게 말다: 원통형 187

참고 문헌 192

도판 출처 196

1장

몸을 편히 눕힐 수 있는 공간

사람이 살아가기 위해 기본적으로 필요한 것에는 무엇이 있을까? 입을 것, 먹을 것, 살아갈 곳, 즉 의식주가 떠오른다. 아무리 잘난 사람이라 하더라도 이 세 가지가 없으면 살아가기 힘들다.

우리는 눈에 보이는 옷에 신경을 많이 쓴다. 교복을 입을 때도, 다 같은 교복이지만 좀 더 예쁘게 보이고 싶고, 좀 더 돋보이고 싶어서 치맛단을 줄이든지, 바지폭을 줄여서 입기도 한다. 사복을 입어야 할 경우에도 무슨 옷을 어떻게 입을지 며칠 전부터 고민을 한다. 먹을 때도 우리는 '음식이 맛있는가?', '살이 찌는 것은 아닌가?'를 고민하고, 우리의 부모님은 '유전자 변형 식품은 아닌가?', '농약이 많이 뿌려진 농산물은 아닌가?', '방사능에 오염된 수산물은 아닌가?'를 고민하면서 신중하게 선택한다.

그러면 우리가 지금 살고 있는 집에 대해서는 얼마나 고민을 하는가? 학교와 학원에서 지치고 힘든 몸을 편안하게 눕힐 수 있는 공간, 바로 집이 중요하다. 집을 떠나 며칠 동안 수학여행을 가거나 체험활동을 갈 때, 당장은 신나지만 시간이 지날수록 나의 집이 그리워진다. 여정을 마치고 돌아오는 길, 멀리 우리 동네가 보이고, 나의 집이 보일 때 포근함을 느낀다. 한걸음에 달려가 신발을 벗어던지고 등을 대고 벌러덩 드러누우면서 우리는 '아, 좋다!'라는 말을 내뱉는다.

이렇게 우리를 편안하게 해주는 집은 어떠한 공간과 구조로 이루어져 있을까? 단순히 방 한 개만 덩그러니 있어도 온전한 집이라고 할 수 있을까? 모든 것이 다 있는데 화장실만 없는 집이라면 어떨까? 집에서 사람이 온전하게 살기 위해서는 어떠한 것들이 갖추어져야 할까?

사적인 공간, 방

집에 들어와서 우리는 방으로 들어가 교복을 훌러덩 벗어던지고, 편안한 옷으로 갈아입는다. 누구의 시선도 의식하지 않아도 되는 곳, 내가 하고 싶은 대로 할 수 있는 곳이 방이다. 자유로운 공간인 방을 우리는 어떻게 가꾸고 살아가고 있는가?

학생1

학교에서 지친 몸을 이끌고, 방으로 들어온다. 방바닥에는 벗어놓은 티와 바지, 양말이 뒹굴고 있다. 책상 위에는 책과 공책 여러 가지 프린트물이 함께 얽히어 수북이 쌓여 있다. 교복을 벗어 침대 위에 던져놓는다. 침대 위에도 이미 입었다 벗어 놓은 옷으로 덮여 있어 편하게 누울 공간조차도 없다.

오늘부터는 공부 좀 해야겠다고 다짐했다. 책상 위가 너무 지저분해서 치우기 시작한다. 치우다 보니 어렸을 적 앨범이 나왔다. 방바닥에 쭈그리고 앉아 한 장 한 장 넘겨본다. 어릴 적 장난감이 쌓여 있던 내 방도 사진에 찍혀 있다. 시간은 흐르고, 책상 정리는 제대로 되지 않았는데 벌써 밤 12시가 넘었다. 책상은 여전히 지저분하다.

공부는 내일부터 해야겠다.

학생2

학교에서 지친 몸을 이끌고, '내 방'으로 들어온다. 창밖에서 잔잔히 비춰지는 저녁노을을 보면서 교복을 벗어 옷장에 정리한다. 책상 위에 가지런히 놓여있는 연필꽂이, 그 옆 책꽂이에는 교과서와 읽을 책이 나란히 꽂혀 있다. 깔끔한 책상 위를 보니 공부를 하고 싶다. 폭신한 의자에 앉는다. 날마다 읽고 있는 책을 펴고, 30분 동안 30쪽을 읽었다. 그리고 낮에 배운 내용을 다시 한 번 보면서 확인한다.

오늘 하루 열심히 살아 낸 나에게 뿌듯함을 느끼며 잠자리에 든다.

같은 방이라고 하더라도 그 안에 사는 사람이 누구냐에 따라 방의 환경은 달라지고, 그 환경에 따라 행동이 달라진다. 사람은 공간을 만들고, 공간은 사람을 만든다. 앞에서 학생 두 명의 공간을 볼 수 있다. 지금은 내 방이라는 공간에서 비슷하게 하루를 살아가는 것처럼 보이지만 공간을 어떻게 정리하느냐에 따라 행동이 달라지고, 10년 후, 20년 후의 삶은 전혀 다르게 흐를 것이다. 자! '내 방'을 둘러보자. 그리고 지금 당장 깨끗하게 정리를 해보자. 인생이 달라질 것이다.

감정을 표현하는, 방문

방으로 들어갈 때, 맨 먼저 만나는 방문은 우리의 감정을 표현하는 수단이 되기도 한다. 엄마의 잔소리에 기분이 상할 때, 우리는 방문에 온 마음을 실어 쾅 닫는다. 마음이 많이 상할 때는 방문을 꾹 눌러 잠그기까지 한다. 방문을 굳게 닫을수록 나와 가족, 나와 세상은 단절된다.

부모님은 내 방에 들어왔다 나갈 때 문을 꼭 닫지 않고, 빼꼼히 열고 가신다. 나를 감시하기 위한 것일까? 아니면 자식과 소통하고 싶은 간절한 마음에서일까? 부모님이 나가시면 살금살금 방문으로 걸어가 꾹 눌러 방문을 걸어 잠그고, 잘 잠겼는지 다시 한 번 확인한다. 그러면 나만의 공간이 확보된다는 느낌이 든다. 사람을 틀에 가두는 공간이자, 사생활이 보호되는 곳이 방이다.

방문은 가족과 소통하는 통로가 되기도 한다. 자꾸 내 방문을 열어 놓고 나가시는 부모님의 마음을 헤아려보자. 문을 조금이라도 열고 나가는 것은 우리와 소통하고 싶은 부모님의 간절한 마음이 들어 있는 것이다.

나를 둘러싼 공간: 창문, 바닥, 천장, 벽

침대에 누워 나를 둘러싸고 있는 공간을 둘러본다. 창문, 바닥, 벽, 천장이 보인다.

창문은 밖의 공간과 연결된다. 창문을 통해 봄의 따사로운 햇살을 느낄 수도 있다. 여름에 장맛비가 휘몰아치는 것, 가을에 단풍나무가 흔들리는 것, 겨울에 함박눈이 내리는 것을 볼 수도 있다. 창문은 이렇게 내부 공간에서 바깥세상을 관찰할 수 있게 해준다.

인간은 큰 창문을 설치하기 이전에도 집에서 밖을 살필 수 있는 작은 구멍을 냈다. 이 구멍을 통해 밖의 경치를 구경하기도 하였고, 혹 위협적인 요소가 있는지 파악하기도 하였다.

창문은 내 모습은 감추고 남을 볼 수 있게 하는 역할을 한다. 낮에는 창문을 통해 숨어서 주변 세상을 볼 수 있다. 자신이 눈에 띄지 않을 때 사람은 안정감을 느낀다. 밤에는 실내의 불빛으로 창문을 통해 밖에서 안이 훤히 들여다보인다. 우리는 낯선 사람의 시선에 불안감을 느끼고, 안전을 추구하기 위해 커튼과 덧문으로 창문을 차단한다.

지금 무엇을 딛고 있는가? 바닥을 딛고 있다. 사람이 딛고 서기 위해서 바닥은 단단해야 한다. 바닥에 책상도 있고, 의자도 있고, 침대도 있다. 이런 물건을 두기 위해 바닥은 평평해야 한다.

바닥을 높이 차이로 이어 놓은 것이 계단이다. 우리는 계단을 통해 또 다른 바닥으로 이동한다. 계단은 또 다른 층과 연결해주는 통로가 된다. 바닥의 높이 차이로 다양한 공간을 만들어낸다. 현관과 거실 바닥의 높이가 다르고 거실과 욕실 바닥의 높이가 다르다.

바닥 높이를 고려하지 않을 때 우리는 불편을 느낀다. 욕실 바닥이 충분히 낮아야 슬리퍼를 벗고 문을 제대로 닫을 수 있다. 바닥의 높이가 맞지 않아 욕실 슬리퍼가 문에 걸리고, 항상 슬리퍼를 민 다음에 문을 닫는 것은 얼마나 불편한가?

벽은 건축 공간을 분리시켜 준다. 벽이 경계를 만들고 보호해주므로 우리가 편안하게 거주할 수 있다. 벽은 안전을 유지해 준다. 높은 건물 위에서 바닥만 있고 벽이 없다고 상상해보자. 아찔해서 다리가 떨리고 현기증을 느낄 것이다.

벽은 우리 눈앞에 있다. 우리는 벽을 통해 그 장소의 특성과 분위기를 알 수 있다. 교실의 벽을 보자. 앞에는 칠판이 달려있다. 뒤에는 게시판이 있다. 칠판과 게시판만 봐도 교실이라는 것을 금방 알 수 있다. 학원의 벽, 집안의 벽은 모두 그 느낌이 다르다.

천장은 바닥의 반대 공간에 있지만 항상 바닥과 함께 있다. 천장은 비바람을 막아주는 실용적인 역할도 하지만 숭고함을 표현하는 수단이 되기도 한다. 로마의 판테온 성당처럼 천장으로 햇살이 들어오는 것을 보면서 성스러움을 느끼기도 한다.

공유하는 공간, 거실

거실은 가족이 함께 머무는 곳이다. 공동의 공간인 거실이 따뜻하고 편안한가? 텔레비전만 덩그러니 놓여 있는 썰렁한 공간은 아닌가? 가족이 모여 마음과 마음을 나눌 수 있는 공간 본래의 기능을 하고 있는가? 우리 집의 거실 공간을 찬찬히 관찰해보자. 거실에 놓여 있는 물건에서부터, 거실에 모이는 가족의 마음까지 들여다보자. 우리 가족은 거실이라는 공간을 통해 서로 소통하고, 마음을 위로하고, 평화롭고 행복한 삶을 살고 있는가?

소파에 앉아 텔레비전을 보기도 하고, 핸드폰을 만지작거리기도 하면서 거실에 머문다. 원래 사람은 모이면 이야기를 하며 마음을 나누는 존재이다. 그러나 언제부터인가 거실이라는 공간만 있고 소통은 사라졌다. 같은 공간에 있으면서 핸드폰을 통해 다른 공간의 사람을 만난다. 거실의 본래 기능은 사라지고 삭막함과 적막함이 장막을 치고 있다. 가족끼리 소통이 없는데 친구와의 진정한 소통을 기대하기는 더 힘들다.

옛날 우리 조상들의 집 구조에서 거실은 대청마루에 해당한다. 마루는 마실 온 옆집 아주머니와 이야기를 나누던 곳, 놀러온 친구와 소꿉놀이도 하던 곳, 가족이 함께 모여 둥그런 상에 둘러앉아 밥을 먹던 곳이다.

그러나 지금 거실은 단지 가족들이 함께 앉아 있는 곳이다. 아

[그림 1-1] 텔레비전이 있는 거실

이들은 거기 있다가 부모님이 들어오면 바퀴벌레처럼 슬금슬금 하나 둘 제 방으로 기어들어가고 만다.

거실이라는 공간의 본질을 살려 보자. 함께 모여 가족이 할 수 있는 것은 무엇이 있을까? 거실에서 가족의 소통을 가로막는 것은 무엇일까? 그것은 한 쪽 벽면을 차지하고 있는 커다란 검은 상자 텔레비전이다.

거실에서 텔레비전을 치우고, 손바닥에서 핸드폰을 내려놓아 보자. 그리고 그곳에 책장을 두고, 책을 꽂아 보자. 거실 구석에는 살아 숨 쉬는 식물을 몇 개 놓자. 죽어가던 공기가 숨을 쉬고, 나도 모르게 편안해지면서 가족들과 이야기하고 싶은 마음이 생길 것이다. 도란도란 두런두런 이야기가 나올 수 있는 환경을 만들자.

[그림 1-2] 책이 있는 거실

처음에 거실에서 텔레비전을 없애면, 심심하고 불안해질 수도 있다. 그러나 그 시간에 책을 읽어 보자. 인생이 달라질 것이다. 책이 있는 거실에 있으면 자연스럽게 책장에 손이 가지 않을까?

거실은 손님을 맞는 공간이기도 하다. 어른들은 거실에서 손님 대접을 한다. 차 한 잔을 마시기도 하고, 술과 함께 밤새 이야기꽃을 피우기도 한다.

우리가 거실에서 책을 읽는 순간 그 공간은 도서실로 역할이 바뀐다. 가족이 모여 책을 읽는 모습 상상만 해도 멋지지 않은가! 그러나 부모님은 거실에서 텔레비전을 보면서 우리에게는 '책 좀 봐라. 잉~'이라고 하시면 마음속에서 스멀스멀 무엇이 올라오는 것을 느낀다.

거실은 가족이 책을 읽으면서 소통하는 긍정의 공간이 되기도 하고, 핸드폰만 하다가 슬그머니 사라지고, 심지어 갈등이 표출되는 부정의 공간이 되기도 한다. 거실을 긍정의 공간으로 만들어 보자. 깔끔하게 정리하고, 예쁜 화분을 갖다 놓고, 텔레비전 대신 책을 들여놓으면 아늑하면서도 편안한 공간에서 나도 모르게 책을 읽고 싶은 느낌이 들 것이다. 성장과 변화를 촉진하는 공간을 의도적으로 만들 때 우리는 자연스럽게 성장하고 변화하며 발전할 것이다.

공간과 공간을 분리하는 건물 안의 벽, 내벽

집이 되기 위해서는 가장 먼저 터를 파고 기초 공사를 한다. 그다음에 벽을 세운다. 벽이 없으면 집이 이루어지지 않는다. 공간을 나누지 않고는 온전한 집으로서 역할하기 힘들다. 집 전체의 모양을 나타내는 가장 바깥 벽, 외벽이 있고, 내부에 공간을 나누는 벽, 내벽이 있다.

우리 인류가 집을 처음 만들었을 때는 하나의 공간인 움막 형태였다. 그 공간은 비바람을 피하고, 힘센 들짐승으로부터 몸을 보호할 수 있으면 되었다. 그러나 지금 우리의 집에서 공간을 나누는 벽이 없다고 상상해보자. 화장실은 있는데 벽이 없다면 어떨까? 화장실에 갔는데 벽이 없어 볼일을 못보고, 끙끙거리는 꿈을 꾸다가 깬 경험이 있을 것이다. 깨어나자마자 우리는 급하게 화장실로 달려가곤 했다. 현실에서는 벽이 없는 집은 불편하고, 집으로서 기능을 제대로 하지 못한다.

회색 시멘트벽으로만 공간을 나눈다면 차갑고 삭막해서 견디기 힘들 것이다. 아름다움을 추구하는 인간은 벽을 또 하나의 예술 공간으로 창조하려고 무던히 애쓴다. 꽃무늬 벽지를 바르기도 하고, 옅은 연두빛, 분홍빛 벽지를 바르기도 한다.

옛날 나는 계룡산 연천봉 아래 깊은 산골에 살았는데, 우리 집은 벽지 대신 신문지를 발랐다. 신문지에 쓰여 있던 글을 보면서 한글을 익혔다. 벽에 붙어 있던 신문지에서 지금도 눈에 선한 글씨는 '서울우유'이다. 아마도 서울우유를 선전하는 것이었으리라.

지금은 벽지뿐만 아니라 대리석으로 치장을 하기도 한다. 더 멋지게 더 아름답게 하기 위해 꾸준히 고민하는 것이다. 그러나 누구는 벽을 꾸미기 위해 많은 자본을 사용하지만 누구는 경제적 여유가 없어 곰팡이 핀 벽지를 보고도 한숨만 짓는 사람도 많다. 왜 이리 빈부 격차가 심한지 고민해보고, '나'는 자라서 소외된 이웃에 대해 어떤 마음으로 살아가야 할지 생각해봐야 한다.

지금은 사물인터넷 시대이다. 사물인터넷Internet of Things의 뜻을 보면 말 그대로 '사물들things'이 '서로 연결된Internet'것 혹은 '사물들로 이루어진 인터넷'을 말한다. 기존의 인터넷이 컴퓨터나 휴대전화에 서로 연결되어 구성되었던 것과는 달리, 사물인터넷은 벽, 냉장고, 자동차, 가방, 침대, 가스레인지, 애완동물 등 세상에 존재하는 모든 사물이 인터넷과 연결되어 구성된 것이다.

우리는 근사한 강가를 내려다보면서 욕조에 누워 따뜻한 휴식을 취하고 싶다. 그러나 우리가 사는 오밀조밀한 아파트는 그럴 여유가 없다. 인간의 이런 욕구를 반영하여 욕실 벽에 사물 인터넷이 설치되고, 이것을 터치하면 근사한 자연 풍경이 펼쳐지는 집도 있다.

마이크로소프트사의 창립자이자 세계적인 갑부인 빌게이츠의 집은 특별하다. 대지 면적은 6만 6000평방피트^{약 1854평}이다. 이 집을 방문하는 사람에게는 마이크로칩이 달린 핀을 준다. 이 핀에 달린 센서가 개인의 취향과 몸 상태에 맞춰 음악, 온도, 빛 등을 자동으로 조절해주는 것이다. 이것은 집의 벽과 바닥에 센서 장치가 삽입되어 가능한 것이다. 지금은 이런 자동 센서는 일부 저택에서만 사용되고 있다.

작동 스위치를 누르지 않아도 벽에 있는 센서가 우리의 마음을 스스로 읽어서, 슬플 때는 노란 튤립이 피고, 안락의자가 놓여 있는 정원에서 아이들이 깔깔거리고 웃는 모습을 보여주며 기쁜 마음을 느낄 수 있게 해줄 수도 있다. 마음이 흥분되었을 때는 눈 내린 깊은 산속에서 푸르름을 뿜내며 서 있는 소나무를 보여주면서 마음을 차분하게 달래줄 수도 있다. 벽이 단순히 공간을 분리하는 기능에서 벗어나 우리가 원하는 풍경을 만들어내는 것이다. 벽은 계속 진화할 것이다.

자연과 사는 공간을 분리하는 건물 밖의 벽, 외벽

건물 정면의 외벽을 '파사드'라고 한다. 파사드는 라틴어 'facies'에서 유래한 말이다. 얼굴을 뜻하는 'face'와 외모를 뜻하는 'appearance'가 합성된 말로 건물의 얼굴이라 할 수 있다.

우리는 건물의 외벽을 통해 그 건물 안에서 사람들이 어떤 일을 하는지 짐작할 수 있다. 물건을 파는 상가인지, 사람이 사는 주택인지, 아니면 사무실이 밀집해 있는 빌딩인지 판단할 수 있다. 이렇게 파사드를 보면서 건물의 기능을 파악한다. 더 나아가 파사드를 통해 따뜻한 느낌, 차가운 느낌, 부드러운 느낌, 강한 느낌, 편안한 느낌, 불안한 느낌을 갖기도 한다. 주변 자연과 동떨어져 하늘 높이 우뚝 서 있는 빌딩과 고층 아파트를 보면서 우리는 삭막함과 불안함을 느낀다. 건물 벽을 통해 불안함을 느끼고, 그 불안함에 계속 노출되면 인간은 자기도 모르게 스트레스를 받고, 건강을 해치기도 한다. 과도한 소음에 계속 노출되면 귀가 멍해지면서 나중에는 청력에 이상을 느끼는 것처럼, 건축물을 통해 불편한 마음을 계속 느끼게 되면 마음의 병에 걸릴 수도 있다. 이렇게 외벽

[그림 1-3] 자연과 어우러진 초가집

은 굉장히 중요하다.

그렇다면 건물의 외벽이 어떤 모양일 때 불안함을 느끼거나 편안함을 느낄까? 옛날 우리 조상들이 살았던 집을 상상해 보자. 산자락을 등에 지고, 산 능선과 선을 같이 하면서 부드럽게 이어져 있는 초가지붕을 보면 왠지 포근한 정을 느낀다. 우리 조상들은 사람이 사는 집을 주변 산보다 높게 짓거나 산봉우리에 짓지 않았다. 인간도 자연의 일부고, 인간이 사는 공간도 자연과 조화를 이루어야 한다는 생각을 가지고, 가장 자연스러운 주거 공간을 짓고 살았다.

캐나다 토론토에는 마이클 리친 크리스털 박물관이 있다. 이것은 로열 온타리오 박물관에 새로 증축된 건물이다. 외관을 보면

[그림 1-4] 캐나다 토론토 로열 온타리오 박물관과 증축한 마이클 리친 크리스털 박물관. 뾰족한 모서리는 주변 환경을 공격하는 듯한 느낌을 준다.

날카롭고 불안하다. 건물 외벽이 유리와 강철로 되어 있고, 옆으로 쓰러질 듯한 건물 모양으로 그 곁을 지나갈 때는 걸음이 빨라질 것 같다. 글로벌 여행 전문 인터넷 사이트 버추얼투어리스트Virtualtourist는 2009년에 이 건물을 세계에서 가장 추한 건물 8위로 뽑았다. 새로 증축된 건물에 세계 유명한 문화재들이 전시된다. 물론 한국 전시실도 있다. 사람들은 널찍한 실내 공간과 세계 여러 나라의 문화를 한눈에 볼 수 있다는 장점보다는 날카로운 외벽을 보면서 건물에 대한 반감을 갖게 되었다.

우리는 곡선을 보면 부드러움과 편안함, 아름다움을 느끼고, 삐죽빼죽한 직선의 모양을 보면, 딱딱하고, 차갑고 불안한 느낌이 든다. 인간은 자연과 어울려 진화해오면서 자연환경과 친근할 때 평화로움을 느끼고, 이에 상반되는 것에는 혐오스러움을 느끼게 된 것이다. 우리가 건물을 지을 때, 단순히 특별하고, 독특하여 눈에 잘 띄는 것을 생각하기보다는 주변 환경과 얼마나 잘 어울리는지를 생각해야 한다.

대도시 한복판에 높이 서 있는 빌딩은 받아들일 수 있다. 그러나 깊은 산골에 우뚝 솟은 건물을 받아들일 수 있겠는가? 왠지 건물에 대한 미움이 생기지 않겠는가? 전국 방방곡곡 경치 좋은 곳에는 사람의 흔적이 여지없이 스며들었다. 사람들이 산자락을 파헤쳐 전원 주택지를 만들기도 하고, 각종 휴양지들이 산허리를 잘라내고 우뚝 솟아 있다. 건물이 자연과 동떨어져 우뚝 솟은 모습은 인간이 자연으로부터 소외되는 느낌이 든다. 가장 자연스러운 것이 가장 아름다우며, 가장 아름다운 것이 가장 자연스러운 것이다. 우리 동네에 있는 건축물들을 찬찬히 보자. 어떤 건물이 가장 마음에 드는가? 어떤 건물이 가장 아름다운가? 가장 자연스럽다고 느끼는 건물은 어떤 것인가? 왜 그렇게 생각하는가?

공간을 따뜻하게 감싸는 난방, 온돌과 난로

눈보라는 휘몰아치고 찬바람이 뼛속까지 스며들 때, 무거운 책
가방을 메고 종종 걸음으로 집에 도착해서 현관문을 여는 순간
느껴지는 따뜻한 기운! 밖은 저리도 차가운데 집안 공기는 참으
로 아늑하다. 집을 따뜻하게 해주는 것은 무엇일까? 그것은 난
방이다.

우리나라에는 전통적인 난방 방식으로 온돌이 있다. 우리나라
에 처음 온돌이 나타난 것은 기원전 5000년 경 신석기시대부터이
다. 아주 옛날 우리 조상들은 움집에서 살았다. 움집에서 추위를
해결하기 위해 불을 피웠고, 처음에는 돌멩이를 데워서 추위를 녹

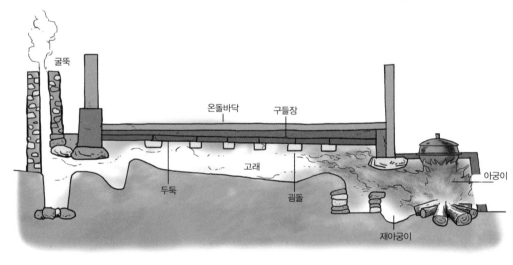

[그림 1-5] 온돌의 원리

였다. 그러다가 불을 피울 때 움집에 퍼지는 연기를 해결하기 위해 화덕에서부터 밖으로 통로를 만들었다. 그 통로가 따뜻해지는 것을 느끼고, 통로의 수를 늘려갔고, 그것이 구들이 되었다. 이처럼 구들을 사용하는 난방 장치를 온돌이라고 한다.

온돌 방바닥에 두둑을 여러 개 쌓고 그 위에 돌을 얹어 통로를 만든다. 그 통로가 바로 고래이다. 고래를 타고 흘러들어간 온기로 돌이 뜨거워지는 것이다. 돌은 특성상 천천히 뜨거워지고, 천천히 식는다. 그래서 추운 겨울 저녁에 불을 때 놓으면 아침까지 따뜻함을 유지할 수 있다. 온돌은 우리 집과 동떨어져 따로 설치되는 것이 아니라 집 안에 함께 존재한다. 집과 온돌은 하나가 된 것이다.

추위를 해결하기 위해 온돌을 사용하는 것은 세계적으로 우리나라가 유일하다. 서양의 난방은 집과는 별개인 난로를 사용한다. 우리의 구들은 집의 일부분이다. 집을 지을 때 구들이 먼저 바닥 아래 공간을 차지하고 앉는다. 그 구들의 따뜻함이 전해질 때 우리는 편안함을 느낀다. 난방을 위해 사용했던 연료는 시대에 따라 다르다. 아주 옛날에는 모두가 산에서 나무를 해다가 땔감으로 사용하였다. 그 다음에는 연탄을 사용했고, 지금은 대부분의 집에서 가스와 전기, 석유를 사용하고 있다.

학교 공간의 난방에는 우리 전통인 온돌이 아니라 서양처럼 난방 기기가 이용된다. 온풍기가 돌아가는 교실은 공기가 탁해진다.

아이들은 "선생님 난방 끄면 안돼요? 머리가 아파와요."라고 말하곤 한다.

교실 바닥에 온돌을 깔면 어떨까? 교실 바닥에 온돌을 깐 학교도 더러 있긴 하다. 따뜻한 온돌이 깔리면 좀 더 편안하고, 열린 마음으로 공부할 수 있지 않을까? 안방같은 교실에서 아이들은 마음의 편안함을 느끼고, 그 편안함은 서로 존중하는 자세로 이어진다. 내 마음이 편안해야 상대방을 배려하는 마음의 여유가 생기는 것이다. 내 머리가 아프고, 내가 스트레스를 받는데 남을 배려하고, 존중하기는 어렵다.

교실 바닥 전체를 온돌로 만들기는 어렵지만 부분적으로 온돌을 설치해 놓고, 우리가 편안하게 책도 읽고, 이야기도 할 수 있는 공간을 만들어 보자. 요즈음은 도서관을 중심으로 바닥에 온돌을 설치하는 학교가 늘고 있다. 따뜻한 바닥에 뒹굴며 책을 읽고, 그것에 행복감을 느낀 사람은 꾸준히 책을 읽을 것이고, 이것은 세상을 살아가는 힘이 될 것이다. 책을 읽으라고 누누이 강조하면서 막상 도서관에 가면 삭막하고 차가운 기운만 맴돈다면 도서관으로 가는 발걸음은 점점 더 뜸해질 것이다. 도서관을 아이들이 언제나 찾고 싶은 따뜻한 공간으로 만들어야 한다. .

2장

공간의 가치:
경제적 욕망 vs 심리적 안정

집을 나와야 학교생활을 할 수 있고, 학원도 갈 수 있다. 또 돌아갈 집이 있어야 학교생활, 학원 생활이 가능하다. 집은 눈에 보이는 물리적인 공간이기도 하고, 마음의 편안함을 느끼게 해주는 심리적인 공간이기도 하며, 사람이 사는 정도를 드러내는 경제적 공간이기도 하다.

'어떤 형태의 집인가?', '몇 평인가?', '어느 아파트인가?', '역에서 가까운가?'에 따라 그 집의 경제적 가치가 매겨질 뿐만 아니라 그 속에서 사는 사람의 가치도 덩달아 매겨진다. 자본주의 사회에서 집은 심리적 안정을 주는 공간으로서의 역할보다 경제적 가치가 얼마나 되는가가 중요하게 여겨지는 곳이 된다.

원래 집이라는 공간은 사람이 안전하고 편안하게 살기만 하면 되는 곳이었는데, 지금은 왜 집의 경제적 가치에 관심이 집중될까?

급격한 산업화로 도시 인구는 급증하였고, 집을 지을 땅은 부족하여 집은 점점 더 위로 높아졌다. 아파트가 도시를 점령하게 되었고, 인구가 모이면 모일수록 아파트 가격은 하늘로 치솟았다. 행정안전부 주민등록 통계2017년 말 기준에 따르면, 전체 인구 약 5천 1백만 명 중에 수도권서울, 인천, 경기도 인구가 약 2천 5백만 명으로 거의 절반을 차지하고 있다. 수도권은 우리 국토 면적의 2.5%에 불과한데 인구밀도는 전국 평균의 20배 정도가 된다. 그러니 수도권에 집 한 채를 갖는 것은 평범한 시민은 꿈도 꿀 수 없다. 집을 갖고자 하는 꿈을 이루기 위해 온갖 빚을 내어 집 한 채를 장만하는 순간 평생 빚에 허덕이며 그 빚을 갚아나가는 집의 노예로 전락할 수밖에 없게 된다.

이것은 사회구조적으로 잘못된 것 아닌가? 사람들이 수도권에 모이는 이유는 그만큼 문화, 경제, 산업, 교육 등 모든 요소들이 밀집되어 있기 때문이다. 우리나라 전국 방방곡곡에서 모두가 비슷한 혜택을 누릴 수 있다면, 인구가 분산되고 수도권의 집값은 안정되어, 서민들은 집의 노예로 살지 않아도 될 것이다.

과시와 경쟁의 대명사

집은 땅 위에 지어진다. 최초의 땅은 누구의 것이었을까? 땅은 누구의 것도 아니었다. 그냥 공기처럼 존재하는 것이었다. 어느 순간 힘센 사람이 땅을 차지하고, 사고팔기 시작했다. 그러면서 그 차익으로 누구는 엄청난 부자가 되고, 누구는 땅 한 평 소유하지 못하는 가난한 사람이 되었다. 그러나 인간이 땅을 소유할 자격이 있는가? 누군가가 공기를 소유한다고 하면 어이가 없지 않은가? 땅도 최초에는 누구의 것도 아니었는데 말이다.

사회경제학자인 칼 폴라니Karl Polanyi는 사고팔아서는 안 되는 것으로 인간노동, 자연땅, 사회계약화폐을 이야기했다. 그러나 지금은 이 세 가지가 자연스럽게 자본으로 거래되고 있다. 지금 우리가 사는 사회의 자본주의 체제는 근대화의 결과이다. 이전에는 농사를 지어 먹고사는 경제체제였다. 일제강점기를 거치면서 자본주의 경제체제가 들어왔으나 해방될 때까지 우리나라 국민들의 대부분은 농사를 짓고 살았다.

1960년대 경제개발 5개년 계획이 등장했다. 서양에서는 봉건제에서 근대 자본주의 체제로 옮겨지는 데 몇 백 년이 걸렸지만 우리는 몇 십 년밖에 걸리지 않았다. 근대화 과정에서 우리는 경쟁과 효율을 강조하며 갈등과 대립을 조장하였다. 왜 갈등과 대립을 조장했을까? 살아가는 데 정말 경쟁이 효율적일까?

《경쟁에 반대한다》라는 책이 있다. 이 책에서는 정말 경쟁이 효율적인지에 대한 여러 가지 사례를 이야기하고 있다. 경쟁이 바람직하다고 느끼는 것은 유치원 때부터 대학교 때까지 끊임없이 주입된 결과이다. 부모나 교사들은 흔히 묻는다. "누가 가장 잘하니?", "누가 이겼니?" 이러한 단어들 자체가 경쟁을 부추기는 것이다. 끊임없는 경쟁 속에서 지는 아이는 계속 좌절감을 맛보게 된다.

이 세상에는 경쟁 없이 자신의 목표를 달성할 수 있는 것이 훨씬 많다. 내가 뜨개질을 해서 예쁜 목도리를 짜거나, 맛있는 빵을 굽거나, 좋아하는 책을 1주일에 한 권씩 읽거나, 수영을 배우거나 하는 것은 경쟁 없이 가능하다. 또한 인간은 협력할 때 더 편안하며 자신의 능력을 잘 발휘할 수 있다. 평소에는 잘 치던 피아노도 대회에 나가거나 대학 입학을 위한 실기 시험장에서는 떨리면서

음이 틀리기도 한다. 경쟁을 강조할 때 오히려 제 역량을 발휘하지 못하게 되는 것이다.

경쟁을 강조하고, 개개인의 실적의 결과로 월급을 주는 회사는 직원끼리 서로 고급 정보를 공유하지 않는다. 실적이 좋을 리 없다. 그러나 협력을 강조하는 회사는 서로의 좋은 의견들을 교류하여 더 나은 방법을 찾아내기에 좋은 실적을 낼 수밖에 없다.

그런데 왜 경쟁을 강조하는 것인가? 그것은 관리와 분배가 편하기 때문이다. 경쟁하는 조직에서는 제일 잘하는 한 사람에게만 이익을 분배해줘도 나머지 사람들은 '내가 못했으니까 분배받지 못하는 것이 당연하지.'라는 순종적인 생각을 하게 된다. 순종적인 사람을 관리하거나 지배하는 것은 쉬운 일이다. 그러나 협력을 강조하는 조직에서는 부당한 분배나 부당한 지시에 협력을 발휘하여 함께 이의를 제기할 수 있다.

자본주의 사회에서 협력을 바탕으로 하는 공동체 문화는 빛을 잃고 말았다. 경쟁 속에서 살아온 우리는 남보다 큰 집, 좋은 집, 비싼 집을 가지려고 경쟁하고 있다. 끝없는 경쟁과 좌절, 물질적인 욕망 앞에서 인간은 초라해지고, 불행해지는 것이다. 더 이상 경쟁은 필요 없다. 협력이 인간의 삶을 행복으로 이끈다. 사회에서 서로 협력하면서 생활할 수 있는 힘은 가정, 학교에서 길러진다. 경쟁에 바탕을 둔 교육이 아니라 협력에 바탕을 둔 교육이어야 한다.

단독주택과 공동주택

우리는 친구에게 묻는다. "어디에 사니?"

"응, 우리 집은 아파트야."

"우리 집은 한옥이야."

"나는 연립주택에 살아."

"나는 단독주택에 살아." 다양한 답을 들을 수 있다. 다 똑같은 집인 줄 알았는데 부르는 이름이 왜 다 다를까? 이 명칭은 어떤 기준에 의해 붙여진 걸까?

건축법시행령에 따르면 주택은 단독주택과 공동주택으로 나뉜다. 단독주택의 종류에는 단독주택, 다중주택, 다가구주택, 공관이 있다. 단독주택은 우리가 흔히 알고 있듯이 한 가구가 하나의 집 안에서 독립적으로 사는 것을 말하며, 다중주택은 여러 세대가 함께 살지만 고시원처럼 화장실, 부엌을 함께 사용하는 곳을 말한다. 다가구주택은 원룸처럼 한 건물에 여러 세대가 독립적으로 살고 있으나 소유권을 집집마다 나눌 수 없고, 그 건물이 통째로 소유된 것이다. 공관에는 공무원들이 사는 관사가 해당된다.

공동주택에는 아파트, 연립주택, 다세대주택, 기숙사가 있다. 층수가 5층 이상이면 아파트에 해당한다. 연립주택은 한 개 동의 바닥 면적이 660제곱미터를 초과하고, 4층 이하인 건물을 말한다. 다세대주택은 한 개동의 바닥 면적이 660제곱미터 미만이고, 4층

이하인 건물을 말한다. 기숙사는 학교나 공장 같은 곳에 딸려 있어 그 구성원들이 먹고 잘 수 있도록 마련한 집을 말한다.

세계 최초의 아파트, 로마 '인술라'

지금은 아파트에 사는 친구들이 많다. 아파트는 언제 처음 지어졌을까?

아파트 형태의 집이 처음 지어진 것은 고대 로마 시대이다.

로마 초기는, 왕이 정치적·군사적 권력을 갖고 있는 왕정 시대였다. 그 이후 여러 명이 함께 정치에 참여할 수 있는 공화정이 시행되었다. 공화정 초기에는 귀족만이 집정관과 원로원에 선정되었으나 이후에는 전쟁에서 역할이 커진 평민의 요구가 수용되어 평민회가 구성되었고, 그 대표로 호민관이 선출되었다.

이탈리아 반도의 작은 도시국가였던 로마는 점점 힘을 키워 기원전 3세기에 이탈리아 반도를 통일하였다. 로마는 이탈리아 반도를 둘러싸고 있는 또 다른 막강한 세력인 아프리카 카르타고와 세 차례 전쟁을 벌여서 승리하였다. 이 전쟁이 포에니 전쟁_{기원전 264년-기원전 146년}이다. 포에니 전쟁에서 승리한 로마는 지중해 일대를 장악할 수 있었다.

전쟁에 패한 나라의 백성들은 로마의 노예로 끌려와 일을 했다.

부자들은 많은 노예에게 일을 시키면서 재산을 늘려나갔다. 그러나 농민들은 과다한 세금과 병역에 점점 살기가 어려워졌고, 땅을 버리고 로마와 같은 큰 도시로 몰려들었다. 노예들과 노동자들이 몰려드니 사람들이 거처할 공간이 부족하였고, 이들은 로마 시내의 주택을 구입할 처지도 못되었다.

원래 로마에는 도무스domus라는 중산층의 주택이 있었으나 점점 노동자들을 위한 임대주택으로 개조되었다. 이것이 최초의 아파트라고 할 수 있는 로마의 '인술라'insula이다. 보통 5~6층의 건물이었으나 9~10층짜리 건물도 있었다.

인술라는 1층에 상점이 있고, 2층부터는 임대용 주택이 위치했다. 인술라의 내부 구조를 보면 대개 침실 하나만 있었다. 내부에 수도시설이나 주방은 없었기에 공동 우물과 공동 화장실을 사용하였다. 주방 대신 조그마한 화로를 이용하여 음식을 해 먹었다. 인술라의 주인들은 집세를 받아 수입을 올릴 목적으로 무리하게 증축하였고, 목조계단으로 얼기설기 이어 놓았기 때문에 화재에도 취약했다.

당시 로마에는 건축법이 따로 없었기 때문에 벽돌과 목조를 함께 사용해 인술라를 지었고, 바깥벽은 옆의 인술라와 서로 붙여놓았다. 도로는 좁았으며 인술라와 인술라 사이에는 빈터가 없었기에 화재가 자주 발생하였다. 기원전 64년 7월에 발생한 화재는 도시의 절반을 태우며 일주일 동안 지속되었다. 이 로마 대화재 이

[그림 2-1] 2세기 초반 건축된 인술라

후 네로 황제는 건축법령을 만들었다. 벽돌로 하부를 짓고 전체의
높이는 20m 이하로 하도록 하였으며 인술라에도 안뜰인 중정을
넣어 좀 더 여유 있는 공간을 만들도록 하였다.

　또한 상하수도 시설을 도시 전체에 설비하도록 하였고, 소방 도
로를 확충하였으며, 인술라와 인술라 사이에는 공간을 두어 짓도
록 하였다. 화재가 나면 피신할 수 있도록 세대마다 발코니를 두
도록 하였다.

　로마 시대의 건축법은 몇천 년이 지난 지금의 건축법과도 비슷
하다. 현재 우리나라에서도 아파트를 지을 때, 동 간 거리를 유지

해야 하고, 상하수도 시설, 소방 도로는 기본으로 갖추어야 하며, 세대마다 발코니를 설치해야 한다. 그러나 아파트에 소방 도로는 있으나 주차된 차들로 인해 막상 화재가 발생했을 때 소방차가 진입하지 못해 대형 화재로 이어지곤 한다. 아파트의 발코니는 화재가 발생했을 때 대피 공간으로 사용할 수 있다. 그러나 조금이라도 공간을 넓게 쓰고 싶은 인간의 욕망은 발코니 확장을 합법화하였다. 현재 대부분의 아파트들은 발코니가 확장되어 있다. 화재가 발생했을 때 유독가스를 막아줄 수 있는 중간 역할을 해주는 발코니가 사라지면서, 위험성은 더 높아졌다.

불평등의 기원, 아파트

우리 조상들은 모두 한옥에 살았었는데 점점 양옥으로 변했고, 지금은 대부분 아파트에서 산다. 1950년대까지만 해도 지금과 같은 양옥은 많지 않았다. 한옥이 갖는 장점도 많은데 갑자기 서양식 집으로 바뀐 이유가 무엇일까? 단순히 양옥이 편해서일까?

1950년부터 3년간 진행된 한국전쟁은 우리나라 주택의 3분의 1 정도를 파괴했다. 집은 파괴되고, 논밭은 황폐해지고, 굶주리고 병든 자가 길거리에 넘쳐났다. 한국전쟁이 끝나고, 집 잃은 사람들에게 안전하게 잠을 잘 수 있는 집을 보급해 주는 것이 가장 시

[그림 2-2] 도곡동 타워팰리스, 대한민국에서 가장 비싼 아파트 가운데 하나이다.

급했다. 전통 방식으로 집을 지을 경우 기간이 오래 걸린다. 시멘트와 벽돌을 이용하면 집 짓는 기간을 줄일 수 있었다. 그래서 이때 지은 집들은 대부분 서양식 주택인 양옥이다. 사람들의 생활양식이 서서히 변하면서 집의 형태도 양옥으로 변하고, 더 이상 한옥은 찾아보기 힘들어졌다.

1960년대 이후 우리의 경제는 급속도로 성장하였다. 경제성장으로 도시는 일자리가 늘어났고, 사람들은 돈을 벌기 위해 농사짓는 것을 그만두고 고향을 떠나 서울로 몰려들었다. 이에 따라 서울의 주택난은 심각한 상태에 빠지게 되었다. 1960년대 중반 이후 정부는 주택 공급 정책을 바탕으로 도시에 아파트를 대량 공급하고, 농촌에는 주택을 개량하도록 하였다.

우리나라에서 단지 형태로 건설된 최초의 아파트는 1962년에 준공된 서울의 마포아파트이다. 1950년대 후반에 건립된 개명아파트, 행촌아파트, 종암아파트가 있었지만 이들 아파트는 단지 형태를 갖추지 못한 단독 건물 형태의 아파트였다.

누군가는 박정희 집권 시절인 1970년대에 실시한 새마을운동을 통해 가난하던 시절 먹고 살 수 있는 바탕이 되었다고 한다. 하지만 초가지붕을 슬레이트나 함석으로 대체하는 것은 지배자의 눈에 보기 좋으라고 한 것 아닌가? 슬레이트 지붕은 발암물질로 분류된 석면을 함유하고 있다. 아직도 슬레이트 지붕이 있다. 슬레이트 지붕을 해체할 때는 몸에 해로운 석면 때문에 보호 장구를 착용해야 한다.

산업화 과정에서, 나라에서는 빠른 성장을 위해 몇 개의 기업에 특혜를 주었고, 대기업들이 생겨나게 되었다. 대기업들은 경제적 불평등의 원인이 되기도 하였다. 또한 집을 구입한 사람은 급격하게 집값이 상승하면서 짧은 기간에 많은 이익을 냈고, 사람들은 점점 더 집에 많은 투자를 하게 되었다. 집의 소유 여부가 불평등의 원인이 되었다. 집을 소유한 사람은 남는 돈으로 계속 집이나 건물을 사들여 이익을 보았으나 집을 소유하지 못한 사람은 전세나 월세를 내야 했기 때문에 계속 힘들게 살았다. 경제적 불평등 속에서 빈익빈 부익부 현상은 점점 심해졌다. 수백 평, 수백 억짜리 집에서 사는 사람도 있고, 빛이 안 드는 지하 단칸방에 사는 사람도 있다. 그 정도의 형편도 안 돼 길거리에서 자고 먹는 사람도 있다.

영혼이 따뜻하고 편안해지는 집, 한옥

한옥이 갖는 장점도 많은데 우리 고유의 전통 집짓기 방식이 사라져가는 것은 참으로 안타까운 일이다. 시멘트 덩어리로 뭉쳐진 아파트를 보다가 한옥을 보면 편안함과 따뜻함을 느낀다. 자연에서 그대로 가져온 흙, 나무, 짚, 돌 등을 한옥의 재료로 이용했기

[그림 2-3] 강원도 삼척의 너와집

때문이다. 한옥 형태는 자연환경에 따라 약간씩 다르게 나타난다.

지붕의 재료에 따라 기와집, 초가집, 굴피집, 너와집으로 나눌 수 있다. 기와집은 흙을 구워서 만든 기와로 지은 집이고, 초가집은 짚이나 갈대로 지붕을 얹은 집이다. 굴피집은 두꺼운 나무껍질을 이용한 집이고, 너와집은 넓적하게 자른 나무로 지붕을 만든 집이다. 기와집에는 주로 양반이나 왕족들이 살았다. 기와집을 짓기에는 비용이 많이 들었기 때문이다. 초가집은 논농사가 활발했던 평야 지대에 많았고, 나무를 이용한 너와집과 굴피집은 산간지대에 많았다.

우리 조상들이 수천 년 동안 살아 왔던 한옥은 한 세기도 안 되어 대부분 사라졌다. 한옥을 보기 위해선 민속 마을이나 한옥 마

[그림 2-4] 강원도 삼척의 굴피집

을을 일부러 찾아가야 한다. 어렸을 때 엄마, 아빠 손잡고 민속박
물관에 갔던 기억이 있을 것이다. 거기에는 한옥인 기와집, 초가
집이 있었고, 우리의 부모님들은 한옥의 특징에 대해 열심히 설명
해주셨다. 그때 그 말씀은 귀에 들어오지 않고, 오직 매표소 옆 귀
퉁이에서 달콤한 향을 풍기는 솜사탕에만 눈이 가지 않았던가?

한옥에 대해서 조금만 관심을 가진다면 우리의 역사를 알 수 있
고, 우리의 문화를 알 수 있다. 지금 우리가 살고 있는 집에서도
한옥의 전통이 이어져 내려오고 있는 점을 찾을 수 있다. 한옥은
어떤 특징을 가지고 있을까?

첫째, 한옥은 주변에서 얻을 수 있는 천연재료를 사용하여 지었
다. 집의 기둥, 대들보, 서까래 같은 것을 나무로 만든다. 빗물이

[그림 2-5] 경상북도 영덕의 기와집

건물 안으로 들어오지 못하도록 주변보다 높이 쌓은 기단이 있고, 그 위에 집을 지탱하는 기둥을 세우고, 기둥과 기둥을 잇는 대들보를 얹는다. 기둥과 기둥 사이의 벽은 흙으로 채운다. 기둥 위에 얹은 대들보 사이에는 서까래를 놓아서 지붕을 덮기 위한 기초를 만든다.

둘째, 온돌과 마루가 있어 겨울은 따뜻하게 여름은 시원하게 보낼 수 있다. 엉덩이를 따뜻하게 해주는 방바닥에 앉아 새콤달콤한 귤을 까먹으면서 만화책을 볼 때 참 행복하다. 따뜻한 기온은 엉덩이를 통해 가슴으로 올라와 마음까지 따뜻하게 만든다.

옛날에는 방바닥에 구들을 만들었지만 지금은 방바닥에 물이 통하는 관을 설치하고, 별도의 보일러실에서 물을 따뜻하게 데워

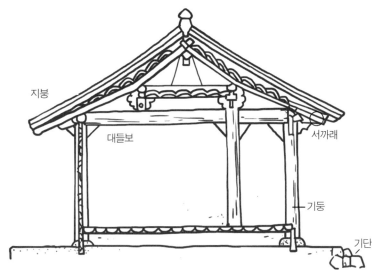

[그림 2-6] 한옥 구조 단면

서 순환하는 방식으로 발전하였다. 옛날에는 나무 땔감을 사용했지만 그 후로는 연탄을 사용하다가 지금은 대부분 기름이나 가스를 연료로 사용하고 있다.

온돌의 특징은 그대로 살리면서 현대인이 살아가기 편리하게 기름이나 가스를 이용해 기계화한 것이다. 옛것을 잘 익혀서 새롭게 적용하는 온고지신溫故知新의 예라 할 수 있다. 평창 동계올림픽에 참여한 외국 선수들이 숙소의 따뜻한 방바닥에 누워서 편안하게 쉬는 모습을 볼 때 우리 온돌에 대한 자부심을 느낄 수 있었다.

나는 아주 어렸을 때, 부엌에서 엄마 옆에 앉아 가마솥에 타닥타닥 타 들어가는 불꽃을 물끄러미 바라보면서 더 없는 평온함을 느끼곤 하였다. 다 타고난 장작이 만들어낸 뜨거운 숯과 재 안에 고구마를 묻어 놓고, 한참을 놀다가 한밤중에 동치미 국물과 달콤한 고구마를 먹곤 하였다. 어쩌다가 숯불에 묻어 놓은 고구마를 잊은 채 잠든 적이 있었고, 아침에 잿더미를 헤집어봤을 때 까맣게 숯이 된 고구마를 볼 수 있었다. 제 때에 꺼냈어야 했는데 …….

추운 겨울에는 부엌에서 불을 때서 밥도 해 먹고 따뜻한 물도 데워서 사용했지만 여름에는 방바닥이 뜨거워지면 더워서 생활하기 힘들지 않았을까? 그러면 여름에는 어떻게 밥을 해 먹었을까?

여름에는 별도로 마당에 화덕을 설치하였다. 화덕에서 밥도 짓고, 감자도 삶아 먹고, 옥수수도 쪄 먹었다. 온돌에 불을 지피지 않기에 방바닥에 깔려 있는 돌의 차가운 성질은 그대로 유지되었고, 시원한 여름을 날 수 있었다.

셋째, 마당이 있어서 여러 가지 농작물을 거두어들일 수 있었고, 큰일을 치를 수 있었다. 서양은 마당을 정원으로 꾸미고, 잔디를 심고, 여러 가지 꽃으로 꾸민다. 그러나 우리의 마당은 평평한 공간으로 그냥 둔다. 마루에 앉아 멀리 경치를 내다보는 것을 즐겼다. 여기에는 위대한 자연을 울 안에 가두는 것이 아니라 멀리 풍경으로 보면서 소중히 여겨야 한다는 우리 조상들의 철학이 담겨 있다. 마당에서 콩과 고추를 말리기도 하고, 거두어들인 벼를 타작하기도 하고, 배추와 무를 다듬기도 한다. 농업을 주로 했던

[그림 2-7] 화덕

우리 조상들에게 마당은 꼭 필요한 공간이기도 했다.

마당은 더운 여름 날 공기를 순환시켜서 바람을 불러일으키는 역할을 하기도 했다. 잔디를 심지 않고 맨땅으로 되어 있는 마당은 한여름 따가운 볕에 쉽게 뜨거워져서 기온이 높아진다. 그러나 한옥 뒤에 있는 산은 마당보다 기온이 낮다. 두 곳의 온도 차는 대청마루를 통해 교류되면서 바람을 일으킨다. 한여름 대청마루에 앉아 있으면 뒷산에서 마당으로 불어오는 바람결로 한결 시원하게 생활할 수 있었다.

넷째, 처마가 있어 계절에 따라 빛이 들어오는 양을 조절하고 비가 들이치는 것을 막아주기도 한다. 아파트에는 왜 처마가 없을까? 한 여름에 아파트에서 창문을 활짝 열어 놓고 외출했다가 소나기라도 한 줄기 내리면 걱정부터 앞선다. '비가 방안으로 들이쳐서 방바닥이 다 젖을 텐데……'

한옥에서 처마는 어떤 역할을 할까? 태양의 고도란 지평선을 기준으로 하여 태양의 높이를 각도로 나타낸 것이다. 태양이 남중할 때의 고도, 즉 정오에 떠 있는 태양의 고도가 남중고도이다. 여름철 태양의 남중고도는 약 70도 정도 된다. 여름에는 태양이 높이 떠 있고, 처마가 나와 있기 때문에 뜨거운 태양빛이 실내로 직접 들어오지 않는다. 겨울철 태양의 남중고도는 약 30도 정도 된다. 여름철에 비해 태양이 낮은 위치에 있기 때문에 처마가 있어도 따

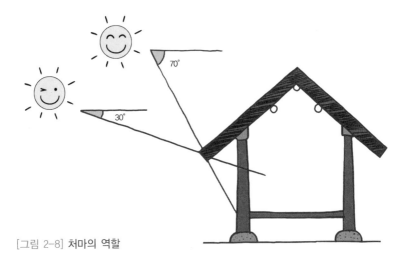

[그림 2-8] 처마의 역할

사로운 햇살이 방안 깊숙이 들어올 수 있다. 또한 처마가 있기에 여름철에는 대청마루까지 비가 들이치지 않는다. 이렇게 처마는 빛의 양을 적절히 조절해 주는 역할을 하고, 비를 막아 주는 역할도 한다.

다섯째, 한지로 만든 방문과 창문이 있어 은은한 햇살과 달빛을 느낄 수 있다. 유리창을 통해 강한 햇살이 들어올 때, 우리는 눈살을 찌푸리면서 커튼을 친다. 한옥에는 커튼이 필요 없다. 방문과 창문에 발라져 있는 한지가 햇빛을 한 번 걸러서 부드럽게 해주기 때문이다. 한지는 빛을 부드럽게 해주기도 하고, 밖에서 안을 들여다볼 수 없도록 시선을 차단해주는 역할을 하기도 한다.

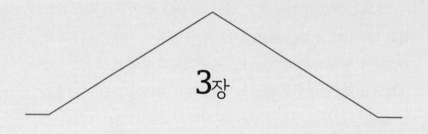

3장

네모를 넘어 꿈꾸는 공간

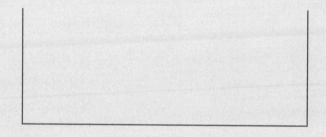

편안하고 따뜻한 공간이 중요하다. 학교는 아직도 네모의 틀 속에 갇혀 있다. 교실과 복도로 쭉 이어지는 일자형 교실은 딱딱하다. 가고 싶은 곳이 아니라 뛰쳐나가고 싶은 공간이다. 집은 따뜻하고 아늑한데 교실은 춥고 삭막하다. 학생들은 하루의 대부분을 학교에서 보낸다. 잠자는 시간을 빼면 집에서 보내는 시간보다 학교에서 보내는 시간이 더 많다. 학교에서 보내는 시간도 아이들의 삶이다. 아주 소중한 삶이다. 학교라는 공간 속에서 우리는 편안함과 행복감을 느껴야 한다. 학교라는 공간은 공부만 하는 곳은 아니다. 아이들의 삶이 녹아드는 곳, 아이들의 삶을 풍요롭게 하는 곳이어야 한다.

전국에 있는 학교는 그 모양이 모두 비슷하다. 어느 곳을 가도 건물을 딱 보면 학교라는 것을 알 수 있다. 네모난 건물에 네모난 교실, 네모난 교탁을 향해 놓여 있는 네모난 책상, 네모난 칠판 옆, 구석에 놓여 있는 네모난 검정색 모니터가 대한민국 학교의 일반적인 모습이다. 유영석이 작사, 작곡한 '네모의 꿈'이 그냥 흥얼거려진다. 어른들은 둥글게 서로 협력하면서 살라고 하면서, 이 세상 모든 것은 다 네모로 만들어 놓는다. 인간의 의식은 환경의 영향을 받는데, 네모난 세상 속에서 살면서 둥그런 세상을 만들기는 참 힘든 일이다.

주위를 둘러보면 모두 네모난 것들뿐인데
우린 언제나 듣지 잘난 어른의 멋진 이 말
'세상은 둥글게 살아야 해'
지구본을 보면 우리 사는 지군 둥근데
부속품들은 왜 다 온통 네모난 건지 몰라
어쩌면 그건 네모의 꿈일지 몰라

학교를 둥글게 지으면 어떨까?

일본 도쿄에 데츠카 부부Takaharu Tezuka, Yui Tezuka가 설계한 원형으로 지어진 후지유치원이 있다. 데츠카는 아이들이 원 만들기를 좋아한다는 것에 착안해 지붕 위에서 돌고 돌 수 있도록 유치원을 설계하였다. 운동장을 중심으로 도넛 모양으로 교실들이 둥그렇게 이어져 있다. 교실과 운동장이 그대로 연결되어 있어서 어느 교실에서나 아이들이 운동장에서 노는 모습을 볼 수 있다.

이 유치원의 가장 큰 특징은 지붕이 관람석이 되고, 뛰어 다닐 수 있는 놀이터가 되는 것이다. 운동회가 열릴 때도 지붕 위에 자유롭게 올라가서 난간 사이를 통해 운동장을 내려다 볼 수 있다. 아이들은 지붕 위에서 뛰어 놀기도 하고, 아래 교실에서 지붕 위로 올라 온 키 큰 나무를 그늘 삼아 쉬기도 한다.

[그림 3-1] 위에서 내려다본 후지유치원

　이 유치원에는 원장실이 없다. 문지방 쪽에 원장이 앉을 수 있는 책상만 놓여 있을 뿐이다. 후지 유치원은 원장실이 따로 없는데, 왜 우리나라는 교장실이 따로 있을까? 교장실은 꼭 필요한 공간일까? 다른 선생님들은 교실 한 칸 크기의 교무실에 여러 명이 모여 있는데, 교장 선생님은 왜 교실 한 칸을 혼자 사용하고 있을까? 교무실에서 왜 교감 선생님 책상만 클까? 그냥 다른 선생님과 같은 크기의 책상에서 일을 하면 안 될까? 교감 선생님, 교장 선생님은 특별한 존재일까? 선생님, 교감 선생님, 교장 선생님 모두 똑같은 선생님 아닐까? 왜 책상 크기가 다르고, 차지하는 공간의 크기가 다를까? 차지하는 공간의 크기가 다르다는 것 자체가 불평등 아닐까?

　학교는 하나의 공동체이다. 길게 늘어진 복도, 복도를 따라 일

[그림 3-2] 교실과 운동장의 경계가 없는 후지유치원

[그림 3-3] 아이들이 지붕 난간에 둥글게 둘러앉은 후지유치원

직선으로 놓여 있는 교실, 연병장처럼 생긴 운동장에서 공동체라는 마음이 생겨나기는 힘들다. 건축물 속에서 삶을 살아가는 사람이 주인공이 되어야 한다. 아이들의 움직임, 그 움직임의 방향과 형태를 먼저 생각하면서 학교를 지어야 한다. 학교에서 아이들이 소중한 가치를 실천하면서 살 수 있도록 공간을 만들어줘야 한다. 맘껏 뛰어놀 수 있는 공간, 친구들끼리 삼삼오오 앉아서 이야기할 수 있는 공간이 있어야 한다.

똑같은 수업이라도 어떤 공간에서 진행하느냐에 따라 아이들이 배우는 정도는 달라진다. 네모난 틀 자체를 지금 당장 바꾸기는 힘들다. 그러나 책상 배치를 협력의 가치를 실현할 수 있도록 둥그렇게 한다든지, 서로 대화를 하면서 아이들이 함께 지식을 구성해 나갈 수 있도록 'ㄷ'자로 배치할 수는 있다. 또한 교실 벽면의 페인트 색을 밝게 할 수도 있고, 조명을 바꾸어 아이들이 편안하고 따뜻한 느낌을 받을 수 있도록 할 수도 있다.

병영을 닮은 공간

우리의 학교는 군인들이 생활하는 병영과도 많이 닮았고. 일본제국주의 통치기 학교의 모습과도 닮았다. 아니 일본제국주의 시대의 학교가 지금까지 그 모양 그대로 내려오고 있는 것이다. 학교는 아이들을 교육하는 곳이 아니라, 훈련시키는 곳이라는 생각이 잠재해 있기 때문에 병영과 닮은 모습을 하고 있는 것은 아닐까? 일본제국주의 시대의 학교는 지배자에 순종하고, 관리 통제가 쉬운 인간을 기르는 것이 목적이었다. 그래서 관리와 통제가 쉽도록 교장실은 건물 중앙에 있었고, 교실은 교사가 아이들을 통제하기 쉽도록 모두 앞을 보고 일렬로 책상을 배치하였다. 지금도 대부분의 학교는 교장실은 중앙에 있고, 책상은 교탁을 향해 일렬로 놓여있다. 해방 후 70년이 지나도록 학교의 구조는 그대로이다.

1960년대 이후 지속적으로 증가하는 학생들을 효율적으로 수용하기 위해 학교 시설·설비 기준령이 제정되었고, 이것을 바탕으로 '학교표준설계도'가 만들어졌다. '학교표준설계도'에는 단순히 아이들을 수용하는 것 이상의 고민은 없었다. 이 설계도를 바탕으로 마치 공장에서 제품을 찍어내듯, 전국의 학교는 다 비슷한 모양으로 만들어질 수밖에 없었다. 물론 지금은 학교를 지을 때, 아이들의 삶과 심리, 행동 특성을 분석하여 공간 구조에 적용하는 설계를 하고 있기는 하다.

공간 자체의 분위기에 따라 사람의 느낌과 감정이 달라지기도 하고 그 공간에 누가 있느냐에 따라 공간의 분위기가 달라지기도 한다. 학교에서 아이들은 보건실에 많이 몰린다. 몸이 아픈 아이도 오지만 마음이 아픈 아이도 온다. 보건 선생님의 푸근한 보살핌에 마음의 위안을 받는 것이다. 새로운 학교에 들어간 아이들은 딱딱한 교실과 지켜야 할 규칙 때문에 스트레스를 받고 불안을 느낀다. 마음이 아프면 몸도 아프게 된다. 자상한 보건 선생님이 따뜻하게 맞이해주는 공간에는 아이들이 몰린다. 그러나 원칙에 묶여서 아이들을 대하는 보건실에는 아이들이 몰리지 않는다. 아이들은 귀신같이 안다. 이 공간이 따뜻한 곳인지 그렇지 않은지를.

아이들이 늘 가고 싶어 하는 학교, 늘 머무르고 싶어 하는 교실을 만들기 위해서는 어떻게 해야 할까? 학교 공간을 자세히 들여다보면서 고민해 보자.

미래의 꿈을 키우는 공간, 교실

교실은 우리가 하루 종일 앉아서 배우는 곳이다. 교실에 들어오면 어떤 느낌이 드는가? 부드러운 느낌과 딱딱한 느낌, 친절한 느낌과 적대적인 느낌, 따스한 느낌과 차가운 느낌, 활기찬 느낌과 지루한 느낌, 자유로운 느낌과 강요당하는 느낌 중에 하나씩 골라 보자. 대부분 후자의 느낌을 고르지 않을까?

왜 우리는 교실을 보면서 딱딱하고, 적대적이고, 차갑고, 지루한 느낌을 받을까? 교실도 활기에 넘치고, 호감이 가는 공간으로 바꿀 수 있지 않을까? '집 안은 자궁처럼 편안해야 한다.'라는 말이 있듯이 교실도 집 안처럼 편안해야 하지 않을까?

[그림 3-4] 정원과 벤치를 들인 교실- 천안동성중학교 ①

[그림 3-5] 정원과 벤치를 들인 교실- 천안동성중학교 ②

그동안 수업은 교사의 강의에 의존하면서 교사가 아이들에게 보다 많은 양의 지식을 전달하는 것에 초점을 맞추었다. 그러나 시대가 변하면서 단순히 지식을 암기하는 공부로는 복잡한 세상을 살아가기 힘들다. 이제 핸드폰만 펼치면 무한한 지식을 얻을 수 있다. 단순히 지식을 암기하는 것이 중요한 것이 아니라 그러한 지식을 연결하고 융합하여 새로운 것을 창조해 내고, 내 삶과 연결시킬 수 있는 것이 중요하다.

지식 전달만 할 때는 교탁을 향해 일렬로 늘어져 있는 책상 배치가 효율적이었다. 그러나 아이들은 선생님만 바라보게 된다. 아이들끼리 대화를 할 수 있는 자리 배치는 아니다. 대화의 기본은 시선을 맞추는 것이다. 아이들이 뒤통수를 보면서 대화를 할 수는 없지 않은가? 지금 수업에서는 아이들이 대화를 바탕으로 서로 협력하여 지식을 알아가는 과정이 중요하다. 그러면 책상 배열부터 바꿔야 한다. 책상 배열을 부드럽게 바꾸기만 해도 교실 분위기는 달라진다. 수업의 흐름과 배움의 정도도 달라진다. 아이들이 서로 마주보고 대화를 할 수 있도록 책상을 돌려보자.

교실을 우리 집 거실이라 생각하고 꾸며 보자. 거실에 대부분 화분을 놓는다. 그러면 교실도 정원으로 꾸며 보자. 단순히 시멘트 벽면만 있는 공간보다는 온갖 식물이 살아 있는 공간에서 자연스럽고, 활기찬 기운을 받을 수 있다.

교실은 아이들에게도 선생님들에게도 행복한 공간이어야 한다.

교실이 경쟁과 입시를 위해 존재하는 것이 아니라 사랑과 존중을 경험하는 곳, 협력과 나눔, 배려를 실천하는 곳이어야 한다. 선생님이나 다른 아이들에게 존중받은 경험이 있는 아이가 남을 존중할 수 있고, 협력의 경험이 있는 아이가 협력의 소중한 가치를 실현하면서 살 수 있다. 교실이 존중과 협력의 장이 되기 위해서는 물리적인 환경을 따뜻하게 바꾸는 것부터 시작해야 한다.

따뜻한 공간에서 따뜻한 마음이 생기고, 따뜻한 마음을 가지고 있을 때, 따뜻한 행동을 할 수 있다. 환경은 아이들의 마음을 바꾼다. 자신도 모르게 편안함을 느끼면 여유가 생기고, 여유가 생기면 서로 존중하는 분위기가 형성된다.

전력 질주의 욕구가 스멀스멀 올라오는 복도

좁고 긴 복도를 지날 때 아이들은 달린다. 왜 달리는 걸까? 달려갈 만큼 급한 일이 있는 걸까?

사람은 좁은 공간 배치에서 답답함을 느낀다. 그 답답함에서 얼른 벗어나고픈 심리적인 욕구가 작용한 것은 아닐까?

복도를 그냥 다른 교실로 이동하기 위한 수단으로서의 공간으로만 볼 것이 아니라 아이들이 걸으면서 편안한 마음으로 산책하는 기분을 느낄 수 있도록 만들어 보면 어떨까?

[그림 3-6] 달리고 싶은 복도 공간

복도를 넓게 만들고, 복도의 너비도 다양하게 한다. 조금 걸어가다가 넓은 공간을 두고, 아이들이 앉을 수 있는 벤치도 두고, 놀이도 할 수 있는 공간을 두자.

복도 공간을 리모델링할 수 있는 여건이 안 된다면 복도 창문턱에 화분이라도 올려보자. 중학교 자유학기 동아리 활동에서 아이들과 함께 심은 화분을 복도 창문에 올려놓았을 때 그 공간은 살아 있는 공간이 되었다. 아이들의 시선이 멈추고, 아이들의 발길이 멈추면서 시간은 좀 더 여유 있게 흐른다.

책의 바다, 생각이 자라는 곳, 도서관

책이 읽고 싶을 때, 가장 먼저 떠오르는 곳, 바로 도서관이다. 새 학년이 되어서 새로운 마음과 새로운 계획을 가지고 도서관으로

[그림 3-7] 서울동답초등학교. 머무르고 싶은 복도 공간. 복도 창문은 폴딩 창으로 활짝 열을 수 있고, 넓은 창턱은 점심 급식을 받는 공간, 독서 공간, 놀이 공간으로도 사용한다.

향한다. '올해는 책 좀 읽어야지!'라는 다짐을 하면서 도서관에 들어갔을 때 따뜻하고 아늑한 느낌이 드는가? 아니면 싸늘하고 어색한 느낌이 드는가? 도서관에 갔을 때 사람을 끌어당기는 편안함이 있다면 얼마나 좋을까? 다른 사람의 방해를 받지 않고, 내 몸과 마음을 편안히 하고 책을 읽을 수 있는, 작은 공간이 있으면 얼마나 좋을까? 아예 벌러덩 누워서 책을 읽을 수 있는 온돌방이 있으면 얼마나 좋을까?

도서관이 우리 교실과 가까운 곳에 있으면 얼마나 좋을까? 교장실은 학교 중앙에 있는데 도서관은 왜 저 구석에 있을까? 우리의

[그림 3-8] 천안 청수도서관. 아이들이 쏙 들어가서 책을 읽을 수 있는 공간

발길이 쉽게 닿을 수 있는 곳, 학교 건물 중앙에 도서관이 있으면 얼마나 좋을까?

책을 읽고 싶은 마음이 들어서 도서관에 들렀는데 싸늘한 공기가 내 몸을 감싸고, 햇살이 들지 않은 곳에 조명마저 어둡다면, 더 이상 그 공간에 머물고 싶지 않을 것이다.

건축 환경이 사람에게 얼마나 영향을 미칠까? 공간이 뇌에 미치는 영향을 연구하는 학문이 신경건축학이다. 옛날에는 건축을 할 때 효율성과 경제성을 따졌다면 지금은 인간에게 미치는 영향을 고려하여 건축을 해야 한다는 것이다.

에스더 M. 스턴버그의 책《공간이 마음을 살린다》35쪽을 보면 신경건축학자인 울리히는 '작은 숲이 내다보이는 침대에 입원해 있던 환자들이 벽돌담이 내다보이는 자리에 입원해 있던 환자들보다 24시간가량 먼저 퇴원했다는 사실을 알아냈다.'는 내용이 있다. 우리의 공간은 마음에 영향을 미치고, 육체적 건강에도 영향을 끼친다. 사람은 아름다운 공간, 자연스런 공간, 따뜻한 공간에 있는 것만으로도 건강하게 자랄 수 있는 것이다.

특히 아이들이 자라는 곳, 학교는 더욱더 아이들이 생각의 힘을 기르고, 자유롭게 질문할 수 있고, 편안하게 생활할 수 있는 부드러운 공간으로 만들어져야 한다. 도서관에 들어서는 것만으로도 '아! 책 읽고 싶다.'라는 마음이 들 수 있도록 온 신경을 집중해서 도서관을 지어야 한다.

요즈음 짓는 도서관은 아이들의 마음을 잘 읽어서 짓는다. 책을 읽어줄 수 있는 공간도 있고, 작은 공간에 쏙 들어가서 책을 읽을 수 있는 작은 공간도 있으며, 편안히 누워서 책을 볼 수 있는 공간도 있다. 도서관 중앙 계단을 3층까지 쭉 이어서 책을 읽을 공간으

[그림 3-9] 천안 청수도서관 중앙계단. 3층까지 이어진 중앙 계단은 편안한 독서 공간이 되고, 천장에서는 은은한 햇살이 들어온다.

로 사용하기도 한다.

지금은 학교에서 도서관 리모델링을 많이 진행하고 있다. 단순히 책을 빌리는 공간, 책을 읽는 공간으로서의 도서관에서 한 걸음 나아가 마음을 나누는 곳, 생각을 나누는 곳, 질문과 답이 오갈 수 있는 공간이 되기 위해서는 어떻게 디자인하면 좋을까?

도서관이 딱딱한 공간이 아니라 무한 상상력을 자극할 수 있는 공간이면 좋겠다. 안방처럼 편안하게 앉아서 책을 읽을 공간이 있으면 좋겠고, 밝은 햇살 들어오는 창가에 원목 마루가 있어 책을 읽을 수 있으면 좋겠다.

근심과 번뇌를 푸는 공간, 해우소

옛날에는 동네에서 가장 좋은 건물이 학교였다. 학교는 우리 집보다 훨씬 좋았다. 그러나 우리의 집은 변화하는데 학교라는 집은 변하지 않고 수십 년을 그 자리에 그렇게 머물렀다. 그래서 옛날의 학교에서 생활하는 지금의 아이들은 고통을 받고 있다.

가장 큰 고통을 주는 곳이 화장실이다. 집에 있는 화장실에 들어가면 향기가 나고, 편안한 기운이 도는데, 학교 화장실은 역겨운 냄새와 지저분한 변기, 어두침침한 조명에 들어가기조차 싫다. 대부분의 아이들은 학교 화장실에 가지 않으려 한다. 특히 초등학교 교실

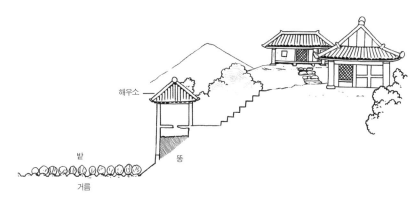

[그림 3-10] 해우소의 위치

에서는 화장실이 급하면 집으로 뛰어가는 풍경이 벌어지기도 한다.

우리 조상들은 화장실을 해우소라고 했다. 근심을 해소하는 곳, 번뇌를 푸는 곳이라는 뜻이다. 화장실에서 근심이 해소되어야 하는데, 화장실 때문에 근심이 쌓이면 되겠는가?

화장실은 햇살로 밝으면 좋겠다. 볼일을 보면서 밖의 풍경을 내다보고 싶다. 김훈의 《자전거 여행》 126쪽을 읽어보면 선암사 화장실에 대한 얘기가 나온다.

선암사 화장실은 자유의 낙원인 것이다. 이 화장실에 앉으면 창살 사이로 꽃핀 매화나무와 눈 덮인 겨울 숲이 보인다. 화장실 위치는 높아서 변소에 앉은 사람은 밖을 내다 볼 수 있지만 밖에 있는 사람은 안을 들여다볼 수 없다.

해우소가 비탈 위에 놓임으로써 위 칸에서는 편안한 마음으로 볼일을 볼 수 있고 아래 칸 인분을 꺼내는 부분은 채소밭과 바로 연결되어 거름으로 쉽게 쓸 수 있다. 비탈 구조로 되어있어 통풍이 잘 되고 햇살이 잘 든다. 산소 공급이 잘 돼 자연 발효가 되고, 냄새가 거의 없다.

아파트 평면을 보면 화장실은 대부분 북쪽 구석에 위치해 있다. 아파트의 평면 구성은 제약이 많다. 안방의 한쪽 벽은 옆집 안방의 한쪽 벽이 된다. 우리 집의 화장실 벽은 옆집의 화장실 벽이기도 하다. 제한된 아파트 구조에서 화장실에 창문을 내기는 힘들다.

학교의 화장실은 창을 낼 수 있다. 기존의 작은 창을 버리고 넓고 긴 창을 설치하여 햇살을 안으로 끌어들인다면 화장실은 밝고, 따뜻한 기운으로 넘쳐날 것이다. 학교 화장실을 리모델링할 수 있는 정책이 펼쳐지고 있다. 같은 예산을 들여도 리모델링 결과는 천차만별이다. 화장실을 어떻게 만들 것인가? 어른들의 생각으로 만들지 말고, 아이들의 의견을 들어보자.

우리 학교에서는 화장실 리모델링 공사를 위해 선생님들의 의견을 먼저 들었다. 많은 선생님들이 화변기^{쭈그리고 앉아서 용변을 보는 변기}와 좌변기 중에 화변기를 더 많이 놓자는 의견을 내놓았다. 공용으로 사용하는 곳에서 좌변기는 아이들이 더 불편해할 것이라고 생각했다. 하지만 아이들의 의견은 달랐다. 대부분의 아이들이 좌변기를 선택했다. 그래서 화변기는 딱 하나만 설치하고 모두 좌변기로 설치했다.

또, 환하고 따뜻한 분위기, 음악이 나오는 화장실을 만들자는

[그림 3-11] 천안동성중학교 화장실.
창문을 천장에서 바닥까지 길게 빼서
햇살이 잘 들도록 하였다.

의견이 있었다. 먼저 화장실이 환해지도록 벽면에 작게 나 있던 창문을 천장부터 바닥까지 길게 뺐다. 남쪽에서 햇살이 화장실 깊숙이 들어온다. 화장실 갈 때마다 따사로운 햇살에 마음이 즐거워진다. 창가에 예쁜 화분도 갖다 놓았다. 화분 하나로 더 싱그러운 화장실 분위기를 느낄 수 있다.

전체적인 색깔도 은은한 노란 빛이 도는 밝은 색으로 하였다. 또한 센서를 이용하여 사람이 들어오면 잔잔한 음악이 흘러나오도록 하였다. 사실 이런 화장실은 휴게소나 백화점에서 흔히 볼 수 있고, 쉽게 사용했던 것이다. 그러나 학교라는 공간에서는 그러지 못했다. 아이들의 삶의 수준과 학교의 삶의 수준이 동떨어지면서 아이들이 고통 받고 있었던 것이다.

리모델링하는 동안 아이들과 선생님들은 간이 화장실을 이용하여야 하는 수고로움이 있었지만 지금은 편안한 마음으로 화장실에서 근심을 해소하고 있다.

4장

삶과 삶을 잇는 공간

길은 도시의 핏줄이라 할 수 있다. 길을 통해 사람을 만나고, 마음을 나누고, 서로의 삶이 이어진다. 핏줄을 통해 생명이 이어지듯 길은 도시를 살아나게 하는 생명의 줄이다. 사람들은 길에서 만나기도 하고, 헤어지기도 하고, 기쁨과 슬픔을 나누기도 한다.

사람이 몰리는 도시의 길을 걸을 때, 사람끼리 부딪칠까봐 조심한다. 나도 모르게 긴장하게 되고, 몸도 힘들어진다. 그러나 사람이 없는 산골 한적한 길을 걸을 때는 여유와 편안함이 찾아온다.

인간은 모두 집에 산다. 집이라는 공간에서 벗어나 나아가기 위해서는 길이 필요하다. 내가 집을 나가서 가고 싶은 곳으로 아무렇게나 갈 수 있는 것은 아니다. 길을 따라 학교도 가고, 친구네 집도 가고, 서점에도 간다.

깊은 산속에서 길을 잃었다고 상상해보자. 아무런 길의 흔적도 없는 산속에서는 한 걸음 내딛는 것조차 불안하고, 떨리고, 스트레스가 된다. 또 다른 길을 만날 때까지 길을 내면서 걸어야 한다. 그러나 일상 속에서는 스스로 길을 만들어내야 하는 경우는 거의 없다. 모든 것은 다 길과 길로 연결되어 있기 때문이다.

길은 사람과 사람을 잇는다. 사람이 있는 곳에는 길이 있다. 길을 통해 사람이 사는 공간이 넓게 열린다. 원래 길이 없는 곳이었다고 하더라도 사람이 많이 다니면 길이 된다. 깊은 숲 속에도 길이 쭉 이어져 있다. 길이 있다는 것은 사람이 다녔다는 것이다. 사람이 다니지 않는 곳은 금방 자연의 발걸음이 그 뒤를 덮쳐 길은 없어지고 풀숲으로 우거진다.

인간이 걷는 모든 땅 위에는 반복해서 걷는 습관에 의해 길이 만들어지고, 그렇게 만들어진 곳을 걷는 것이 길이 없는 곳을 걷는 것보다 편안하고 쉽다. 새로 건물을 지으려면 꼭 길이 필요하다. 인간이 거주하는 곳은 모두 길과 연결되어 있다. 사람이 딱 한 번만 걸은 곳은 길이 되지 않는다. 사람들이 습관적으로 자주 걷는 공간이 길이 된다.

공원이나 아파트 화단에 길이 나있는 것을 볼 수 있다. 몇 발자국만 돌면 제 길을 갈 수 있지만 사람들은 본능적으로 좀 더 짧은 거리를 선택하여 걷기에, 화단 안으로 이 길과 저 길을 가장 가깝게 이어주는 길이 만들어진다. 화단을 관리하는 사람은 이런 현상을 보고, 두 가지 중 하나를 선택할 수 있다. 하나는 길이 난 곳에 디딤돌을 깔아서 작은 길을 만들어 주는 방법, 또 하나는 길을 끈으로 연결하여 막아 놓고, '돌아가세요.'라는 푯말을 붙이는 것이다. 어떤 방법이 더 현명하다고 생각하는가?

같은 듯 다른 공간, 길과 도로

사전을 보면 길과 도로의 의미는 비슷하다. 길은 '사람이나 동물 또는 자동차 따위가 지나갈 수 있게 땅 위에 낸 일정한 너비의 공간'이고, 도로는 '사람, 차 따위가 잘 다닐 수 있도록 만들어 놓은 비교적 넓은 길'이다. 길은 자연스럽게 형성되기도 하고, 사람이 인위적으로 만들기도 한다. 계속 반복적으로 다니다 보면 사람이 다니는 길이 생기고, 차가 다니는 길이 생긴다.

길에 통행량이 늘어나면 인위적으로 넓혀야 한다. 이때 길은 도로가 되는 것이다. 우리는 '길 건설'이라는 말은 잘 사용하지 않는다. 대신 '도로 건설'이라는 말을 사용한다. 길은 자연스럽게 만들어지는 의미가 강하고, 도로는 인위적으로 확장시켜 건설된다는 의미가 강하다.

도로는 하나의 건축물로 건설하게 되는 것이고, 인간의 욕구가 계획적으로 드러난 것이다. 길은 주로 사람이 다니는 공간이고, 도로는 자동차와 같은 탈 것이 다니는 공간이다. 옛날에는 길에 사람이 다녔고, 사람이 주인공이었다. 그러나 자동차가 많아지면서 사람은 차에게 길을 내주었고, 차에 치일까봐 조바심을 내면서 길을 걷는다.

길은 울퉁불퉁하거나 구불구불한 지형과 어우러지면서 만들어진다. 환경에 따라 진흙길, 오솔길, 과수원길, 골목길이 되어 그 모습이 다 다르게 나타난다. 길은 자연 속에 어우러져서 존재한다. 그러나 도로는 가능하면 직선으로 뻗는다. 뻗어나가다가 산을 만나면 산을 두 동강낸다. 산의 허리를 자른다. 그게 어려우면 산에 터널을 뚫는다. 그리고 아스팔트나 콘크리트로 포장해서 보다 빠르게 다닐 수 있도록 한다.

마치 지금의 교육이 서로 1등을 차지하기 위해 빨리 달리도록 경쟁하는 것처럼, 도로는 앞으로 경쟁하듯 쭉쭉 뻗는다. 주변 환경에 관심을 두지 않고, 오로지 홀로 나아간다. 빠르게 더 빠르게 앞으로 나아갈 수 있도록 하는 것이 도로이다.

이야기와 풍경이 있는 공간, 골목길

옛날 동네에는 집과 집을 이어주는 골목길이 있었다. 아랫집 담장을 따라 둥그렇게 돌아서 들어가면 윗집이 나오고, 윗집 담장을 따라 옆으로 돌면 옆집이 나온다. 골목마다 색깔이 있고, 빛이 있고, 풍경이 있었다. 골목 사이에는 들마루를 내놓고 우리의 할머니들이 나물도 다듬고, 배추도 다듬으며 대화를 나눴다. 아이들이 고무줄놀이도 하고, 공기놀이도 하고, 잡기놀이도 하면서 뛰어놀던 공간이 골목길이었다.

골목길은 단순히 여기서 저기로 이동하는 통로 역할만 한 것이 아니라 사람이 서로의 기운을 느끼고, 울고, 웃으며 살아가는 삶의 공간, 생활의 공간이었다. 골목길도 우리가 사는 집의 일부였다. 골목길은 사람이 자유롭게 다니는 곳, 그 무엇의 눈치도 볼 필요가 없는 자유롭고 편안한 공간이었다.

[그림 4-1] 서울 서촌 한옥 골목

　그러나 차량이 늘어나면서 사람들은 차량 통행을 우선시하게 되었고, 차에 치일까봐 눈치를 보면서 조심하게 되었다. 경제적으로 풍요로워질수록 이웃과 함께하는 시간은 줄어들고, 골목길은 소통의 공간이 아니라 차량이 다니는 불편한 공간이 되고 말았다. 골목길은 점점 사라지고, 사람들은 점점 집안으로 들어가서 생활하는 시간이 늘어났다.

　지금의 길은 반듯반듯하다. 내 마음을 얹어 둘 틈이 없다. 대부분 아파트에 거주하다 보니 골목길의 의미가 없어진 듯하다. 그러나 아파트로 하나의 마을을 만들든, 단독주택으로 하나의 동네를 만들든 옛날 골목길의 역할을 했던 공간을 만들어서 이웃 간에 서로 소통할 수 있도록 해야 한다.

집과 집이 지나치게 단절되지 않도록 우리가 함께 살아가면서 좀 더 행복감을 느낄 수 있는 공간을 만들어 주어야 한다. 아파트 단지 곳곳에 정자, 벤치, 정원, 마을 회의 공간, 운동 공간, 취미 생활 공간 등을 만들어 주고, 자연스럽게 공동체 활동을 할 수 있도록 해야 한다.

집이 사적인 공간이라면 길은 공적인 공간이다. 집에 가치를 두고 정성을 쏟는 것처럼 골목길에도 관심을 가져보자. 골목길은 집과 집 사이에 있는 단순한 공간이 아니라 집과 집을 잇고, 사람과 사람을 잇는 공간으로 여겨야 한다. 길이 차가 다니는 공간 이상의 역할을 할 수 있도록 골목길에 정성을 기울여 보자. 주민들 사이에 대화와 관심과 사랑이 넘쳐날 수 있는 공간이 되도록 해보자.

단독주택 단지를 개발하여 동네를 만들 때도 효율과 경제적 이익을 위해서 바둑판처럼 대지의 경계를 나누기보다는 집과 집을 이어주는 자연스러운 골목길을 넣어주면 어떨까?

마을에 옛날 골목길 역할을 하는 공간이 있으면 좋겠다. 동네 사람들이 함께 아이를 봐줄 수 있는 공간, 악기를 배우거나 그림을 그릴 수 있는 공간, 따뜻한 차 한 잔을 마실 수 있는 공간, 재미난 책들이 쌓여있고, 그것을 읽을 수 있는 작은 도서관 같은 공간이 있다면 마을 사람들은 자연스럽게 모일 것이고, 서로 마음을 나눌 수 있을 것이다.

그 속에서 삶의 여유도 생기고 이웃에 대한 배려도 생기고 공동체 의식도 생길 수 있다. 공동체 의식은 이웃 간에 서로 소통하고 왕래하고, 자주 볼 때 생겨나는 것이다. 서로의 아이를 번갈아가면서 봐주기도 하고, 아이들이 함께 뛰어 놀기도 하고, 아플 때는 서로 걱정해 주면서 살아갈 때 잠자고 있던 공동체 의식은 깨어난다. 사람은 공동체 속에서 진정으로 행복감을 느끼는 존재이다. 공동체 속에서 편안한 관계를 맺으면서 살아갈 수 있는 공간을 만들어야 한다.

장애물이 되는 길

2017년 복지부 실태 조사에 따르면 우리나라의 장애인은 267만 명 정도 되며 후천적으로 장애가 발생한 경우가 88.1퍼센트가 된다. 비장애인들이 아무런 어려움도 느끼지 않고 날마다 걸어 다니는 지금의 길은 장애인들을 얼마나 배려하고 있을까? 장애인들이 이용할 수 있는 대중교통시설은 얼마나 될까?

장애인이 혼자서 출퇴근을 하면서 직장 생활을 하기에 지금의 길은 너무나도 험하다. 비장애인이 아무 어려움 없이 넘어 다니는 5센티미터 정도 되는 턱도 휠체어를 타고 다니는 사람한테는 커다란 장벽이 될 수 있다.

원래 도시 기반시설을 할 때 시각장애인을 위해서는 횡단보도나 공공시설 안에 유도 블록을 설치하고, 도로변의 돌출물을 제거해야 한다. 또한 공공기관에서는 점자보도를 설치해야 한다. 그러나 집에서 학교까지 갈 때 길바닥을 한번 자세히 살펴보자. 얼마나 친절하게 점자블록이 이어지고 있는지를.

[그림 4-2] 시각장애인을 고려하지 않은 점자 블록

점자블록을 따라가다가는 가로수에 부딪힐 수밖에 없는 곳도 있고, 자전거 도로 때문에 점사블록이 쭉 이어지지 못하고 중간에 끊어진 곳도 있다.

휠체어를 사용하는 장애인을 위해서는 횡단보도의 턱을 제거하고, 장애인 전용 주차장을 설치해야 한다. 비장애인은 횡단보도를 건너 반대편 인도로 올라설 때 아무런 어려움을 느끼지 않는다. 그러나 휠체어는 아주 낮은 턱도 넘기가 힘들다. 그렇기 때문에 횡단보도와 인도 사이에는 턱이 있으면 안 되고, 부드럽게 경사지게 만들어야 한다. 지금은 장애인에 대한 시각이 많이 변하였고, 지방자치단체에서도 장애인을 위해 도로에 관심을 가지고 개선하고 있으나 아직도 장애인이 다니기엔 장애가 너무 많다.

모든 길은 로마로 통한다

도로 건설이 일찍부터 발달한 나라는 고대 로마이다. 시골의 작은 길은 자연스럽게 형성될 수 있지만 큰 도로를 건설하고, 도로를 포장하는 것은 국가적인 차원에서 가능하다. 개인이 대로를 건설하기는 힘들다.

로마 제국의 막강한 힘은 도로를 만들어냈다. 이 도로는 군인들을 급파하기 위한 것이었다. 로마에서 방

[그림 4-3] **이탈리아 폼페이에 있는 로마의 도로**

[그림 4-4] 집정관의 도로를 나타낸 지도. 지방의 모든 길이 수도 로마로 집중되어 있다.

사선으로 뻗어나간 도로는 로마를 보다 신속하게 통치하는 발판이 되었다. 도로 건설은 중앙 권력과 관련이 깊은 것이다.

로마인은 바닥에 네모난 돌을 깔아 반듯하게 길을 냈다. 로마가 평평한 길을 만든 가장 큰 이유는 전쟁터로 갈 전차 바퀴가 걸리지 않고 잘 굴러가도록 하기 위해서다. 그 길의 규모는 점점 더 커지고, 점점 더 길어졌다. 포장된 도로가 5만 마일은 되었다. 1마일은 약 1.6킬로미터이다. 도로망을 통해 로마는 이탈리아 전체를 통일하게 되고, 그때마다 또 다른 도로를 건설했다. 로마의 영토가 계속 확장되면서 '모든 길은 로마로 통한다.'라는 말이 생겨났다.

로마는 땅을 판 다음 자갈을 넣고, 판자 같은 돌을 깔아 도로를

[그림 4-5] 로마 콜로세움을 중심으로 뻗은 도로

건설하였다. 길옆으로 배수로를 만들어 비가 와도 길 위로는 물이 넘치지 않도록 하였다. 이런 도로를 통해 로마의 군대가 빠르게 이동할 수 있었고, 점점 더 로마의 영토를 넓힐 수 있었다.

도로는 로마의 세력을 확장시키는 힘이 되기도 했지만 반면에 이민족이 쉽게 침입할 수 있는 길이 되기도 하였다. 결국 로마인이 건설해 놓은 도로를 통해 이민족이 침입하였고 로마 제국은 멸망하였다. 이렇게 도로망은 한 나라를 성장하게도 하고 멸망하게도 한다.

길과 길이 만나는 공간, 광장

길을 따라 계속 걷다보면 길과 길이 만나는 곳이 있다. 바로 교차로이다. 교차로에서 길이 만나고, 또 다른 길로 이어진다. 교차로는 길과 길의 만남의 장소이기도 하고, 또 다른 길로 가야 하는 선택의 장소이기도 하다.

길과 길이 만나고, 사람과 사람이 만나는 가장 넓은 공간은 광장이다. 광장은 모든 도로망이 모아지는 곳이기도 하고, 모든 도로망으로 나아가는 출발점이기도 하다. 광장은 개인들이 만나서 하나의 공동체를 이루는 곳이다.

광장廣場은 넓은 장소, 즉 여러 사람들이 모일 수 있도록 만들어 놓은 넓은 터를 말한다. 민주주의 사회에서 광장은 커다란 의미가 있다. 고대 그리스에서는 많은 사람들이 참여하고 토론하여 의견을 모으는 장소인 아고라agora가 있었고, 고대 로마에도 광장을 일컫는 포룸이 있었다. 광장은 권력자의 공간이 아니라 시민을 위한 공간으로, 시민이 주인이고 시민이 주체가 되는 민주주의를 실현하는 공간이 되기도 한다.

유럽의 광장을 보면, 광장을 중심으로 사람들이 이용할 수 있는 상가가 있고, 상가들 사이에는 자유롭게 오갈 수 있는 골목길들이 이어져 있다. 광장은 길과 연결되어 있고, 어디서든 접근이 쉽다. 유럽의 광장은 오랜 시간 동안 도시의 특성에 따라 자연스럽게 형

[그림 4-6] 프라하 구시가 광장

성된 공간이다.

　우리의 광화문 광장은 어떠한가? 옛날의 광화문 앞은 자연스럽게 사람들이 드나들 수 있었다. 그러나 지금의 광화문 광장은 인위적으로 만들어진 것으로 5차선의 도로가 양쪽에서 둘러싸고 있다. 마치 섬 같기도 하고, 10차선 도로의 중앙 분리대 같기도 하다. 시민들이 편안하게 이용할 수 있는 공간은 못된다. 그래도 다행인 것은 서울시가 광화문 광장을 키우고 찻길을 줄이기로 한 계획안을 내놓았다는 것이다.

　새로운 계획안의 조감도를 보면 광장을 중심으로 양쪽 10차선이었던 도로는 한쪽 6차선으로 줄어들고, 광장은 세종문화회관 방향으로 확장돼 횡단보도를 건너지 않아도 자연스럽게 광장에 닿을 수 있다. 그동안 광장이 5차선에 둘러싸인 섬처럼 갇힌 공간이었다면 새로운 광화문 광장은 열린 공간, 사람들이 좀 더 편안하게 다가갈 수 있는 공간이 될 것이다.

광장 민주주의와 촛불 집회

광장은 시민으로 채워질 때 의미를 갖는다. 1980년 5월 18일 이후 며칠 동안, 민주주의를 실현하고 신군부의 집권 음모를 저지하기 위해 전남도청 앞 분수대 광장에 매일 3만 명 정도의 시민이 모였다. 진정한 민주주의를 갈망하는 시민들이 전남도청 앞 광장을 가득 메웠고, 그 간절한 소망을 향해 계엄군은 총부리를 겨누었다. 1980년 5월 27일 새벽, 시민군이 머물고 있는 도청에 군인들이 나타났고, 사람의 목숨을 향한 일방적인 총소리는 듣는 자의 가슴을 후벼 팠다.

광화문 광장이 원래의 모습과는 달리 인위적으로 정비되고, 접근이 불편한 공간이지만, 사람들은 인간의 자유가 억압당하고, 정의롭지 못한 일로 몸서리쳐질 때 광장에 모여 촛불을 들었고, 이 촛불 집회는 진정한 민주주의로 나갈 수 있는 중요한 역할을 하였다.

그러면 국제사회에서 촛불 집회가 대중화된 것은 언제부터일까?

1968년 체코슬로바키아의 정치인 두브체크가 시민들의 자유와 인권을 좀 더 보장하기 위한 정책을 폈는데, 이것을 '프라하의 봄'이라고 한다. 공산주의 국가였던 구소련은 이러한 정책을 못마땅하게 여겼고, 체코슬로바키아를 침공했다. 체코슬로바키아 국민은 처절하게 저항한다. 1969년 프라하의 바츨라프 광장에서 두 명의 대학생이 '프라하의 봄'을 짓밟는 소련군에 저항하고, 조국의 독립과 자유를 위해 분신하였다. 그럼에도 불구하고 체코슬로바키아는 소련의 영향권에 들어가고 시민의 자유와 존엄은 억압당하게 된다.

　　1988년에 체코슬로바키아 시민들이 지금의 슬로바키아 수도 브라티슬라바 광장에서 공산주의 정권에 대항하여 종교의 자유와 인간 존엄에 대한 존중을 요구하면서 촛불을 들었다. 이 시위는 이듬해인 1989년 체코슬로바키아 공산독재 체제의 붕괴로 이어졌다. 체코슬로바키아 공산체제를 무너뜨릴 때 피 한 방울 흘리지 않고 부드럽게 민주화 시민혁명을 이룩하였기에 이것을 '벨벳 혁명'이라고 부른다. 광장은 이렇게 뜻을 같이 하는 사람들이 모이고, 거대한 힘을 형성하여 민주주의를 이끌어내는 중요한 공간이 된다.

　　1993년 체코슬로바키아는 두 개의 나라로 분리되었고 평화적인 방법에 의해 체코와 슬로바키아로 분리되었다. 이것은 '벨벳 이혼'이라 불린다. 체코와 슬로바키아의 평화적인 분리 독립은 촛불들이 모여서 일궈낸 결과이다. 체코슬로바키아의 공산 독재정권을 무너뜨린 촛불은 이후 평화 집회의 상징이 되었다.

2002년 6월 전 국민이 월드컵에 열광하고 있을 때 우리의 어린 소녀 효순이와 미선이는 45톤 미군 궤도차량에 깔려 죽었고 사건과 관련된 미군들 모두 무죄 판결이 났다. 시민들의 반발은 폭발했고, 광화문 광장에 모여 효순이 미선이 죽음에 항의하는 촛불 집회는 시작되었다. 2004년 노무현 대통령 탄핵 반대에도 촛불 집회가 열렸다. 2008년 광우병 쇠고기 수입 반대, 2014년 세월호 진상 규명을 위한 촛불 집회가 있었다.

그리고 2016년 박근혜 대통령 퇴진을 위한 촛불 집회가 일어났다. 2016년 9월, 최순실이 국정에 개입했다는 의혹이 불거져 나왔다. 10월 29일에 시작된 촛불 집회는 '국정 농단에 대한 진실을 밝히고 박근혜 대통령 퇴진'을 요구하였다. 결국 2017년 3월 10일 대통령 박근혜는 파면되었다. 2016년 10월 29일부터 2017년 4월 27일까지 23차에 걸친 촛불 집회에서 단 한 명도 위법 행위로 체포되지 않았고, 단 한 명의 사망자도 발생하지 않았다. 이것은 전 세계에서 유례를 찾아볼 수 없는 평화적이고 자발적인 정치 참여였다.

폭력적인 투쟁보다 평화적인 시위가 성공 확률이 높다. 시위가 평화적일 때, 보다 많은 사람들이 편안한 마음으로 참여할 수 있다. 이번 촛불 집회에서도 유모차에 앉은 어린 아기부터, 주부, 학생, 직장인 등, 다양한 개인들이 참여하였다. 전 세계 사람들은 이 촛불 집회를 비폭력 평화운동으로 관심을 가지고 지켜보았다.

전국의 모든 광장에서 촛불을 들고 모였던 사람은 다 개인들이

[그림 4-7] 2016년 광화문 광장에서 열린 촛불 집회

지만 함께 모이면서 뜻을 같이하는 하나의 공동체가 되었다. 한 사람의 힘은 미약하지만 여럿의 힘은 강력하다. 한 사람 한 사람이 길을 통해 광장으로 모이고, 광장에서 공동체가 되고, 이 공동체는 우리 역사의 한 획을 긋는 위대한 일을 해냈다.

촛불 집회로 정권교체가 이루어졌지만 진정한 촛불 민주주의의 실현은 이제부터이다. 시민들이 정치에 대해 조금만 관심을 소홀히 해도 권력은 정의롭지 못한 방향으로 흐른다. 시민 한 사람 한 사람이 주인이 되어 정치에 관심을 가지고 행동할 때, 정직하고 성실한 사람이 대우받는 세상, 누구나 인간으로서 존중받는 세상, 촛불처럼 따뜻한 세상을 만들 수 있다.

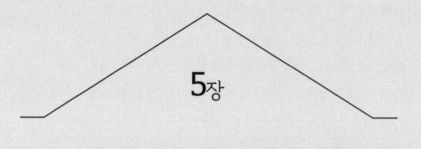

5장

인간의 욕망이 모이는 공간

길이 하나 있다. 그 길로 사람들이 다니고, 또 다른 길과 만난다. 길과 길이 만나는 곳에 사람이 모이고 조금씩 번창하게 된다. 길에서 도시가 만들어지는 것이다. 도시의 가장 핵심은 길, 즉 교통이다. 대중교통이 가장 발달한 곳이 가장 번성한 도시가 된다. 대중교통의 대표적인 것이 지하철과 버스이다. 지하철과 버스 노선이 가장 복잡하고, 많은 곳이 서울이다. 서울은 우리나라에서 가장 큰 도시이며, 사람이 가장 많이 모인 도시, 인간의 욕망이 가장 많은 곳이다.

인간은 오랜 역사를 통해 사회, 문화, 정치, 경제적으로 변화 발전해 왔다. 이 변화의 모습은 도시 공간 속에 남아 있다. 도시都市의 도都는 도읍 즉, 왕이 거주하는 수도를 뜻한다. 시市는 저잣거리 즉, 물건을 사고파는 시장을 말한다. 이렇듯 도시는 정치와 행정의 중심지인 동시에 경제적, 상업적 기능이 집중되어 있는 곳이다.

그러면 도시의 구역을 어디까지 잡아야 할까? 지금은 행정구역이 도·시郡·읍·면 또는 특별시廣域市·구·동으로 나뉘어져 있고 이 구역을 기준으로 도시 현황을 파악하거나 도시계획을 세운다. 구역에 따라 도로 하나를 두고 두 도시가 갈라지기도 한다. 그러면 과거에는 도시의 구역을 어떻게 나누었을까?

고대 메소포타미아에서는 북소리를 듣고 곧장 모일 수 있는 범위를 도시로 정했다. 중세 런던에서는 성메아리루보사원의 종소

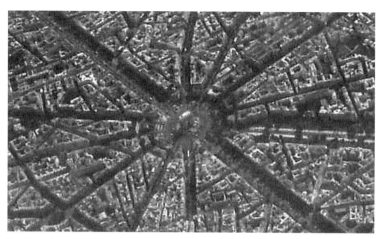

[그림 5-1] 파리 개선문을 중심으로 도로 12개가 뻗은 모습

리를 들을 수 있는 범위를 도시의 구역으로 정했다. 물론 성곽을
가진 도시는 성벽 자체가 도시의 구역이 되었다. 교통수단이 발달
하지 못했던 옛날에는 소리가 가장 빠른 신호였다. 소리가 들려야
통치를 할 수 있다. 종소리를 듣고, 그 의미를 파악하고 모일 수
있게 하는 것도 통치의 영역이다.

도시는 당시의 권력과 욕망을 말한다. 프랑스 파리는 중앙에 개
선문을 두고 방사선으로 도로가 뻗어나가고 있다. 나폴레옹 3세
는 경제적으로 근대적 자본주의 경제체제를 확립하였다고 할 수
있으나, 정치적으로는 언론을 통제하고 각종 정치적 활동을 탄압
하였다. 나폴레옹이 행사하는 절대 권력으로 파리 시내에서 폭동
이 자주 일어났다. 도심에서 일어나는 폭동을 제압하는 방법 중

하나가 폭동이 일어날 수 있는 장소를 없애는 것이다. 나폴레옹 3세는 1857년부터 대대적인 도시계획을 실시하였고, 그 결과 지금 파리의 모습이 되었다.

그중 핵심은 개선문을 중앙에 두고 사방으로 뻗어나가는 12개의 도로를 건설한 것이다. 파리의 모습은 권력과 지배에 대한 나폴레옹 3세의 욕망의 결과라 할 수 있다. 개선문에서 보면 사방으로 뻗은 도로를 통해 사람들이 모여드는 것을 한눈에 볼 수 있다. 사람들이 모여들 때 방사선으로 놓여있는 길에다 대포 한 대씩만 쏘아대면 폭동을 진압할 수 있다. 지배자의 권력에 대한 욕망이 고스란히 남아 있는 도시가 파리 개선문이다. 지배자가 어떤 사람이냐에 따라 도시 공간의 풍경이 달라지고, 건축주가 어떤 사람이냐에 따라 건축 공간의 모습이 달라진다.

도시의 기능별 공간

도시는 주택, 상가, 공장, 학교, 공원, 병원, 빌딩 등과 같이 인간 활동을 위한 공간이 밀집되어 있고, 그 모습도 매우 다양하게 나타난다. 자연발생적 도시는 이러한 공간들이 복잡하게 얽혀 있다. 그러나 계획도시는 주거 공간과 상업 공간이 분리되어 있다. 사람들은 계획도시를 주로 신도시라고 부르면서 선호한다. 잘 정리된

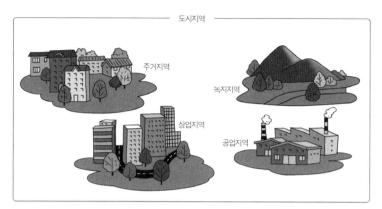

[그림 5-2] 도시계획

주택단지에 바로 이어지는 온갖 생활에 필요한 요소들을 공급하는 상업 공간, 그리고 여가를 즐길 수 있는 공간이 있기 때문이다. 병원, 상가가 바로 옆에 있어 바쁜 현대인이 살아가기에 편리하다. 그러면 어떤 기능들을 고민하면서 새로운 도시를 계획할까?

도시의 기능지역은 주요 활동기능에 따라 크게 주거·상업·공업·녹지지역의 4가지로 나누어지기도 하고, 또 개발 여부에 따라 개발용지와 미개발용지로 구분되기도 한다.[1]

주거지역은 '거주의 안녕과 건전한 생활환경의 보호를 위해 필요한 지역'을 말한다. 말 그대로 사람이 편안하고 건강하게 살 수 있도록 주변 환경을 관리하는 지역이다. 주거지역은 공장의 기계

1. 김철수 외, 《공간의 이해》, 계명대학교 출판부, 2013, 140쪽

소리나 상가의 소음에 신경을 쓰지 않고 살 수 있는 편안한 공간이 되도록 해야 한다.

상업지역은 '상업 그 밖의 업무의 편익 증진을 위하여 필요한 지역'이다. 편익이란 '편리하고 유익함'을 말한다. 즉 물건을 사고파는 일과 그 밖의 업무에 필요한 활동을 보다 효율적으로 할 수 있는 구역이다. 상업지역은 도시의 경제권 및 생활권의 크기와 구조를 고려하고, 그 시설이 들어서는 곳의 도로와 철도와 같은 교통시설 여건이 어떠한지 파악한 후 계획해야 한다. 일반적으로 상업지역의 땅값이 제일 높다.

공업지역은 '공업의 편익 증진을 위하여 필요한 지역'이다. 즉 공장이 들어서서 물건을 생산해내기 편리한 지역이다. 공업지역은 공장 굴뚝의 연기나 공장 폐수로 인해 주변 지역에 오염 피해가 가지 않도록 해야 하며 효율적으로 물건을 생산할 수 있도록 주변의 여러 가지 자원 및 교통시설을 고려해서 계획해야 한다.

녹지지역은 '자연환경·농지 및 산림의 보호, 보건위생, 보안과 도시의 무질서한 확산을 방지하기 위하여 녹지의 보전이 필요한 지역'이다. 녹지지역은 아름다운 자연환경을 보호하고, 희귀종 및 멸종위기의 야생 동·식물을 보호하기 위한 지역이다. 또한 환경오염을 예방하고, 농경지도 보호하며, 도시의 무질서한 개발도 방지한다. 녹지지역은 개발되지 않은 미개발용지로 대부분 공원이나 푸른 나무, 울창한 숲으로 이루어져 있고, 도시 중심에서 멀어

질수록 그 비율이 높아진다.

도시를 만들 때 우리는 산은 깎아내리고, 계곡은 메워 평지를 만든다. 그 위에 바둑판처럼 반듯하게 길을 내고, 주거지역, 상업 지역을 나눠 도시를 만든다. 대지는 기운이 있다. 모든 생명은 대지에서 싹이 트고, 꽃이 피고, 열매를 맺는다. 생명으로 가득한 대지를 깔아뭉개고 만든 도시에 생명이 있을까?

원래 땅이 갖고 있는 무늬 그대로 도시를 만들면 생명의 기운을 느낄 수 있지 않을까? 산 능선은 능선대로, 계곡은 계곡대로, 들판은 들판대로 땅의 기운을 살리면서 도시를 만들 때 가장 자연스러운 도시가 되고, 인간이 가장 편안함을 느낄 수 있는 도시가 된다. 네모반듯한 도시는 삭막하다. 어떤 규격에 맞춰 인간을 재단하는 느낌이 든다.

인간도 자연의 일부이다. 인간이 자연을 파괴할 권리가 있는가? 이 자연은 우리가 미래의 후손에게 잠깐 빌려 쓰고 있는 것이다. 산을 깎아내고, 계곡을 메우고, 산 능선을 두 동강 내고, 강을 파헤쳐서 썩게 만든 후 후손에게 물려준다면 얼마나 조상들을 원망할 것인가? 소중한 우리의 후손을 위해서라도 자연과 조화를 이루는 도시계획이 되어야 한다.

끝없는 욕망의 표현, 마천루

마천루摩天樓, skyscraper는 하늘을 찌를 듯이 솟은 아주 높은 고층 건물을 뜻한다. 글자를 풀어 보면 '마摩, scrape'는 '긁는다'라는 뜻이고, '천天, sky'은 '하늘'이고, '루樓'는 '기둥이 바탕이 되어 있는 높은 다락집'이라는 뜻이다. 하늘을 긁을 수 있을 만큼 높은 건물, 즉 빌딩이 마천루이다. 몇 층 이상이 되어야 빌딩이라는 규칙은 없다. 그 도시 주변 건물의 높이와 비교해서 결정되기 때문이다.

세계에서 가장 높은 빌딩은 어떤 것일까? 사람들은 왜 건물을 위로 높이 쌓아올릴까? 높은 빌딩을 짓기 위해 필수적인 재료에는 무엇이 있을까?

현재 세계에서 가장 높은 빌딩은 아랍에미리트 두바이에 있는 '부르즈 할리파Burj Khalifa'이다. 높이는 163층, 829.84미터이다. 100미터 달리기를 할 때는 운동장 끝에서 끝을 달린다. 100미터 달리기를 하는 운동장의 여덟 배도 더 되는 높이를 상상해 봐라. 어마어마하게 높다. 이 빌딩을 한 계단 한 계단 올라간다면 몇 시간이 걸릴까? 계단으로 걸어서 최고층까지 올라가기는 힘들 것이다.

엘리베이터가 발달했기에 고층 건물도 가능했다. 부르즈 할리파는 지상층에서 최고층까지 엘리베이터로 1분이면 올라갈 수 있다. 건축물이 높이 올라가는 정도에 발 맞춰 엘리베이터 만드는 기술은 발달할 수밖에 없다. 높은 층을 단숨에 올라가기에는 엘리

[그림 5-3] 아랍에미리트 두바이 부르즈 할리파(Burj Khalifa)

베이터가 효과적이다.

부르즈 할리파를 높이 올릴 수 있었던 것은 건물 속에 철근이 콘크리트를 지탱해주고 있기 때문이다. 철근콘크리트가 없었다면 이렇게 높은 빌딩을 짓는 것은 불가능했을 것이다. 이 빌딩을 짓기 위해 들어간 철근을 한 줄로 늘어놓으면 2만 5천 킬로미터가 된다. 지구 반 바퀴가 2만 킬로미터 정도 되니, 지구 반 바퀴보다도 더 긴 것이다.

사우디아라비아의 2대 도시인 제다에 짓고 있는 킹덤 타워가 2019년도에 완공된다. 이 빌딩은 부르즈 할리파보다 더 높은 1007미터이다. 부르즈 할리파보다 더 높게 지으면서 세계에서 가장 높은 빌딩 1위를 차지한다. 이렇게 하늘로 치솟는 인간의 욕망과 경쟁은 계속될 것이다.

우리나라 마천루 역사의 시작은 서울 여의도 63빌딩이다. 1985년 완공된 63빌딩은 국내에서 유일하게 200미터가 넘는 초고층 빌딩이 되었다. 이후 1988년 서울 삼성동 무역센터, 2004년 서울 도곡동 타워팰리스, 2012년 서울 여의도의 국제금융센터, 2014년 인천 송도 동북아무역센터 등 200미터가 넘는 건물이 경쟁적으로 들어섰다. 현재 국내에서 가장 높은 빌딩은 2016년 준공한 롯데월드타워이다. 롯데월드타워는 국내에서 유일하게 100층이 넘는 건물이다.

올리고, 또 올리고, 높이고, 또 높이며 하늘을 찌를 듯한 초고층 건물을 서로 경쟁하듯 계속해서 짓고 있다. 사람은 왜 계속해서 더 높은 빌딩을 지으려고 할까? 계속 높아지는 마천루는 인간의 욕망과 닮았다. 인간의 욕망은 끝이 없다. 마치 갈증 나는 사람이 바닷물을 마실 때처럼, 가지면 가질수록 더 갖고 싶고, 높으면 높을수록 더 높아지고 싶은 것이 인간의 욕망이다.

사람이 많이 모여 있는 대도시는 땅값이 비싸다. 땅값을 최소한으로 하고, 건축면적을 높일 수 있는 방법은 가능하면 위로 높게 짓는 것이다. 인간의 욕망을 채울 수 있는 방법, 그것이 빌딩이 더 높아지는 이유일 것이다. 마천루는 인간의 욕망을 담은 것이다. 자신을 과시하고 싶은 욕구, 남보다 높이 올라가고 싶은 욕구를 빌딩에 담아내는 것이다.

건축의 가장 큰 힘은 사람을 모이게 하는 것이다. 높은 빌딩일수록 다양한 상업시설이 들어설 수 있다. 카페, 영화관, 콘서트홀, 쇼핑몰, 오락 공간, 사무실, 음식점 등 다양한 시설과 다양한 경제활동을 통해 인간이 서로의 욕구를 충족해 가는 공간이 빌딩이다. 빌딩이 지어지기까지 얼마나 많은 사람들의 땀방울이 들어갔을까? 건축 현장은 위험 요소가 많기에 사람의 땀방울뿐만 아니라 사람의 생명까지 앗아가는 경우도 있다.

인간에게 빌딩은 자본 축적의 수단이 되었다. 사람을 위한 빌딩이 아니라 돈을 벌기 위한 빌딩이 되었다. 이 빌딩에서 사람들이 얼마나 편안하고 행복하게 살 수 있을까를 고민하면서 빌딩을 짓는 것이 아니라 얼마나 많은 이익을 창출할 수 있을까를 생각하면서 빌딩을 짓는 것이다. 사람을 위한 공간이 되어야 하는데 돈을 위한 공간이 되어 버리고, 어느새 인간은 빌딩의 노예, 돈의 노예가 되어간다.

중국 만리장성을 보면 굉장히 높고, 길다. 인적도 없는 깊은 산 능선을 굽이굽이 넘는 만리장성도 사람들이 벽돌 한 장 한 장 쌓아올려서 만든 건축물이다. 중국의 만리장성을 쌓을 때, '벽돌 한 장에 한 사람의 생명이 들어가 있다.'라고 할 정도로 많은 사람들이 죽어나갔다.

모든 건축물은 사람을 위한 것이다. 사람이 먼저다. 사람이 죽어나가는 건축물, 사람을 불행하게 하는 건축물이 아니라 그 건축 공간에서 사람의 삶이 풍요롭고 행복할 수 있는 건축물이 되어야 한다. 욕망 추구를 잠시 멈추고 타인에게 나의 공간을 조금만이라도 내어준다면 삶의 여유와 평화로움을 느낄 수 있을 것이다.

물질적 욕망을 위한 공간, 백화점

자본주의 사회에서 인간의 물질적 욕망을 충족시킬 수 있는 대표적인 곳이 백화점이다. 백화점은 말 그대로 한 건물 안에 온갖 상품들이 분야별로 진열되어 있는 곳이다. 우리가 산책하듯이 천천히 걸으면서 꼭 필요하지 않더라도, 그 세련되고 화려함에 휩싸여 마음의 빗장이 풀리고 물건을 구입하고 또 구입하는 곳이다.

백화점은 언제 처음 생겼을까? 최초의 백화점은 1850년에 개설된 프랑스의 '봉 마르세 백화점'이다. 봉 마르세 백화점의 판매 전략에는 먼저 내부 장식을 화려하게 하여 고객의 눈길과 마음을 사로잡는 것, 정찰제 실시로 서로 마음의 부담을 없애는 것, 쇼윈도우를 통해 상품을 최대한 아름답게 전시하는 것, 반품이 가능할 것, 화장실을 매우 청결하게 관리하는 것 등이 있었다.

백화점의 건축 공간을 찬찬히 들여다보자. 일단 백화점은 동선이 길고 미로 같다. 한 번 들어서면 어디로 나가야 할지 몰라 빙빙 돌게 된다. 에스컬레이터를 타고 한 층을 올라가서 즉시 또 위

[그림 5-4] 봉 마르세 백화점 외부

층으로 올라갈 수는 없는 구조이다. 그 층을 한 바퀴 돌면서 온갖 상품에 눈과 마음을 홀리게 만들어 놓는다. 백화점에 있는 상품을 가능한 많은 사람이 볼 수 있도록 한 것이다. 물건을 보면 구입하고 싶은 욕망이 생기고, 처음에 사고 싶었던 물건보다 더 많이 사게 된다. 사람들이 층별로 천천히 이동하면서 가능한 많은 시간을 백화점 안에서 머물도록 유도해야 물건을 많이 팔 수 있다. 백화점에는 시계와 창문이 없다. 물론 시계점에는 시계가 있지만.

AU BON MARCHÉ

MAISON A. BOUCICAUT

PARIS   Rue de Sèvres, Rue du Bac, Rue de Babylone et Rue Velpeau   PARIS

ANNEXE AMEUBLEMENT

VUE des MAGASINS. RUE du BAC

[그림 5-5] 1887년 봉 마르세 백화점 초기 전경

　백화점에 들어서면 온갖 물건에 시선을 뺏긴다. 필요한 것이 없어도 이것저것 살피면서 구경하다 보면 시간 가는 줄도 모른다. 창문이 있으면 들어오는 햇살로 언제쯤인지 가늠할 수 있다. 밖이 캄캄해지면 저녁때가 되었다는 것을 알 수 있다. 백화점에서는 창문은 없고 환한 조명으로 물건들을 비추고 있기 때문에 때를 알 수 없다. 때를 알 수 없기 때문에 시간에 구애받지 않고 가능한 한 많은 시간을 매장을 둘러보게 된다. 그러다가 문득 자신의 시계를

[그림 5-6] 2008년 봉 마르세 백화점 내부

꺼내 본 고객은 놀라고 만다. '이런 저녁때가 다 지났군.' 이때는 이미 양손에 주렁주렁 물건이 매달려 있다. 양손이 무거워진 만큼 지갑은 가벼워진다.

우리나라 최초의 백화점은 1930년 충무로에 세워진 '미츠코시 백화점'이다. 일본의 지배로 살아가기 힘든 농민들은 무작정 도시로 모였고, 서울 거리도 많이 변하게 되었다. 조선 시대 상업의 중심지였던 종로와 그 주변 청계천 북쪽^{북촌}에는 주로 우리 민족이 한옥을 짓고 모여 살았다. 청계천의 남쪽^{남촌}인 명동과 충무로 지역에는 일본 사람들이 많이 살았다. 일본인은 그들이 많이 모여 사는 명동과 충무로를 중심지로 만들기 위해 수도와 전기 시설을 갖추고, 도로도 건설하였다. 은행, 호텔, 상점, 백화점도 세웠다. 일본은 우리 민족의 지배를 위해 정치, 경제를 장악하였다. 명동에 세워진 일본의 '미쓰코시 백화점'에 일하는 사람은 360명이나 되었다.

1931년에는 우리나라 상인이 종로에 '화신 백화점'을 열었다. 그때 처음 지은 백화점 건물은 모두 불타버렸다. 그 후 엘리베이터와 에스컬레이터 시설을 갖춘 지하 1층, 지상 6층의 규모로 백화점을 다시 지었다. 일제강점기에 그처럼 큰 규모의 백화점을 지을 수 있는 자본은 어디서 생겼을까? 화신 백화점은 일본의 지배 아래에서 우리 민족이 세운 최초의 근대식 백화점이긴 하지만, 대부분 일본인들이 이용하였고, 일본 세력과 가까이 지냈기 때문에 가

[그림 5-7] 화신백화점 1949년

능한 건축물이라는 평가도 받고 있다.

백화점에 가서 내가 원하는 물건을 마음껏 살 수 있는 사람은 얼마나 될까?

백화점에 진열된 화려한 물건을 누구는 원하는 대로 살 수 있지만, 누구는 그 상품 가격을 쳐다보는 것조차도 부담스럽다. 누구는 살 수 있고, 누구는 살 수 없는 그 곳의 상품들, 자본주의 사회에서의 불평등이 고스란히 노출되는 곳이 백화점이다. 백화점은 오늘도 화려한 조명으로 보다 아름답게 상품을 진열하고, 주머니

속의 지폐를 유혹하고 있다.

백화점과 같은 상업 공간이지만 가격의 구애를 좀 덜 받으며 접근할 수 있는 곳, 전통시장이 있다. 전통시장들 중에서 규모가 큰 동대문시장을 배경에 두고 만들어진 복합 문화공간이 동대문 디자인 플라자^{DDP}이다. 동대문 디자인 플라자는 2007년에 철거된 옛 동대문운동장 자리에 건축되었으며, 2009년에 착공하여 2014년 3월에 개관하였다.

동대문 디자인 플라자는 이라크 출생의 여성 건축가 자하 하디드^{Zaha Hadid}가 설계하였다. 동대문 지역이 지니고 있는 역사적·문화적·사회적·경제적 요소들을 통합하여 새로운 미래적 가치와 비전을 더한 동대문의 새 풍경을 담고자 하였다. 자하 하디드는 새벽부터 밤까지 쉴 새 없이 움직이고 변화하는 동대문의 역동성에 주목하였다. 그래서 건축물 내부와 외부에 직선이나 면이 없이 물이 흐르는 공간을 연상시키는 모습으로 디자인하였다.

동대문 디자인 플라자는 동일한 모양의 공간이 없고, 기둥이 하나도 없이 건물 자체가 물결치는 모양의 곡선이다. 기둥이 없는데 건물을 어떻게 지탱했을까? 그것은 기둥이 없어도 건물을 지탱할 수 있는 메가트러스 공법을 이용했기 때문이다. 메가트러스는 다리에 주로 쓰이는 철로 된 뼈대를 말한다. 이 공법을 이용해 구조가 안정적인 건축물이 될 수 있었다.

동대문 디자인 플라자를 보면, 가장 먼저 드는 생각은 '생소함,

[그림 5-8] 동대문 디자인 플라자

어색함, 주변과 동떨어짐'이다. 주변을 전혀 고려하지 않은 왠지 저 우주에서 내려온 우주선 같다는 느낌을 받는다. 진정 아름다운 건축물은 어떤 것일까? 주변을 고려하고 배려하여, 있는 듯 없는 듯 자연스럽게 존재하는 것이 사람의 마음을 더 편하게 하지 않을까?

동대문 디자인 플라자에는 창문이 없다. 건물 밖에 있는 광장과 정원을 내다볼 수 있는 창문이 없기에 안과 밖은 단절되어 있다. 안에서 밖으로 이어지고, 밖의 풍경을 바라볼 수 있을 때 자연과 조화를 이루며 함께 살아있다는 느낌을 받을 수 있다. 창문이 없는 이 건물에서 생명의 원천이라 할 수 있는 햇살과 바람은 어찌할 것인가? 동대문 디자인 플라자는 건물 밖의 공간과 소통하지 않는다. 건물 밖에 존재하는 우리 문화와의 단절, 수천 년간 이어져온 우리 역사와의 대화는 찾아보기 힘들다.

동대문 디자인 플라자의 핵심은 그 주변에 종사하는 패션, 직물 업계의 상인들이다. 그러면 동대문 운동장 부지에 들어서는 이 건축물을 설계할 때 '어떻게 하면 이 사람들의 삶을 좀 더 풍요롭고 행복하게 할 수 있는가?'라는 고민이 있어야 했다. 그러나 지금 들어서 있는 이 건축물은 밤낮으로 열심히 온 힘을 다해 살아가는 이 지역 상인들과 소통하기에는 어려워 보인다.

우리의 역사, 문화, 사회, 경제를 담아냈다기보다는 단지 시선을 끌고자 하는 욕구를 잔뜩 가지고 있는 건물 같은 느낌이 든다. 그래도 동대문 디자인 플라자는 세상 사람들의 인기를 끌고 있으니 그 시선을 끌고자 하는 욕구는 제대로 채웠다고 할 수 있다.

예술적 욕망을 위한 공간

도시에는 물질적 욕구를 충족하기 위한 공간도 있어야 되고, 문화, 예술적 욕구를 충족시킬 수 있는 공간도 필요하다. 요즈음 우리나라도 도시마다 공연장, 예술관, 문화회관 시설을 많이 늘리고 있고, 그 지역에 맞는 문화, 예술적 자산을 보전하기 위해 노력하고 있다.

다른 동물보다 인간이 좀 더 수준 높다고 생각하는 것은 정신적 아름다움을 추구하기 때문이 아닐까? 아무리 좋은 음식을 먹고, 좋은 집에 살아도 왠지 허전함을 느낄 때, 우리는 잔잔한 음악을 듣기도 하고, 아름다운 그림을 보기도 하고, 풍경 좋은 곳을 찾아 여행을 떠나기도 한다. 사람에게는 아름다움을 추구하는 욕구, 즉 예술에 대한 욕구가 있기 때문이다.

아름다움을 전시하는 구겐하임 미술관

뉴욕 시에 구겐하임 미술관이 있다. 이 미술관에서는 대부호인

솔로몬 구겐하임이 소장하고 있던 미술품들을 전시하고 있다. 구
겐하임 미술관은 세계적인 건축가 프랭크 로이드 라이트^{Frank Lloyd}
^{Wright}의 설계로 지어졌다. 1943년 짓기 시작하여 16년만인 1959년
에 완성하였다.

[그림 5-9] 구겐하임 미술관

　정중앙의 천장에서 빛이 들어오며 달팽이처럼 나선형 비탈길을
따라 건물이 올라간다. 이 경사로에 작품을 걸어 놓는 공간이 구
성되어 있다. 이 미술관은 라이트의 마지막 작품이다. 라이트는
이 미술관이 완공되기 직전 90세의 나이로 세상을 떠났다.
　1959년 구겐하임 미술관이 모습을 드러내자 예술가와 시민들은

주변의 건물에 비해 너무 눈에 띄며, 건물의 외관이 화려하고 독특하다는 비난을 쏟아냈다. 이에 반해 관람객들은 구겐하임 미술관은 건물 자체가 빛나는 예술품이라고 찬사를 보냈다. 이 미술관에는 20세기 유명한 화가 칸딘스키, 몬드리안, 샤갈, 클레, 미로, 피카소 등의 작품이 전시되어 있다.

도시를 살려낸 구겐하임 빌바오 미술관

스페인 바스크 지방 빌바오에 '구겐하임 빌바오 미술관'이 있다. 미국의 솔로몬 구겐하임 재단이 설립한 미국 뉴욕의 솔로몬 구겐하임 미술관의 분관 중 하나이다.

스페인의 빌바오 지방은 옛날부터 철강 산업과 배 만드는 산업이 발달한 부자 도시였다. 철강 산업이 서서히 아시아 나라 쪽으로 넘어가면서 도시가 기울기 시작하였고, 공장들은 줄줄이 문을 닫았다. 적막한 도시는 생명이 사그라지는 듯 보였다. 철강 산업이 쇠퇴해지면서 빌바오 도시의 규모가 점점 작아지고 네르비온 강변은 폐허같이 변했다.

1980년대 빌바오 도시 재개발이 진행되었고, 다리, 전철, 공항 등을 새롭게 단장하였다. 이때 함께 진행된 것이 구겐하임 미술관 건축이있다. 미국의 구겐하임 재단이 빌바오에 미술관을 짓게 되었고, 이것을 담당한 건축가가 프랭크 게리Frank Gehry이다.

프랭크 게리는 어렸을 때 할머니가 물고기를 사와서 욕조에 풀

[그림 5-10] **구겐하임 빌바오 미술관**

어 놓으면 욕조에 들어가서 물고기와 함께 놀았다. 그 물고기가
나중에 식탁에 올라온 것을 보고 충격을 받기도 하였다. 물고기를
좋아했던 게리는 빌바오 미술관을 설계할 때도 물고기에서 얻은
영감을 반영했다. 구겐하임 빌바오 미술관을 보면서 사람들은 물
고기, 배, 꽃 등을 떠올리기도 한다.

구겐하임 빌바오 미술관은 1997년에 개관하였다. 이 미술관이
문을 열면서 도시는 변하기 시작하였다. 이 독창적인 미술관을 보
기 위해 관광객들이 몰려들었고, 빌바오는 세계적인 관광도시가
되었다. 이처럼 침체되어 있는 도시에 문화, 예술 공간을 조성하

면서 도시를 살려낸 것을 빗대어 '빌바오 효과'라고 한다. 이 미술관이 지어지는 데 원래 예산보다 14배가 더 들었지만 결과적으로는 빌바오 도시를 살리는 건축물이 되었다.

하나의 건물은 하나의 도시를 살려내기도 한다. 건물은 내부에 혼자 존재하는 것이 아니라 세상과 환경에 맞닿아 있고 연결되어 있기 때문이다. 우리가 어떤 공간을 지어낼 때 하나의 도시를 살릴 수 있다면, 그것은 엄청난 힘이다.

늘 새로운 것을 생각하고, 늘 호기심을 갖고 질문한다면 좀 더 독창적인 답을 찾을 수 있을 것이다. 우리의 생각은 과거의 경험을 통해 새로운 것을 만들어낸다. 경험이 많을수록 더 다양한 생각이 솟아난다. 우리 삶의 모든 것을 직접 경험하기는 어렵다. 그러면 간접경험을 늘려보자. 간접경험의 으뜸이 책 아니던가. 책을 보면서 도시와 공간, 건축에 대한 경험을 늘리고, 자기가 살고 있는 공간에 대해 어떻게 디자인할 것인가 고민해보자.

영혼의 소리가 울려 퍼지는 시드니 오페라 하우스

세계 제일의 항구도시인 오스트레일리아 시드니에 세계 최고의 건축물인 오페라 하우스가 있다. 삼면이 바다인 이 오페라 하우스의 면적은 약 2만 제곱미터이다. 건물의 높이는 60미터이다. 조개 껍질 모양의 지붕이 10개가 있는데, 이것은 2194개의 콘크리트 모형을 연결하여 만든 것이다. 오페라 하우스에는 오페라관, 연극관, 영화관, 음악관, 대형 전시관, 객실이 있다. 각종 문화 공간으로 쓰이는 곳도 900여 개가 된다.

시드니 바닷가에 서 있는 이 하얀 건물은 마치 돛단배의 돛에 바람이 가득 담긴 모습 같기도 하고, 조개껍질을 여러 겹으로 엎어 놓은 것 같기도 하다. 커다란 돛단배가 땅과 바다와 하늘을 연결해주고 있는 것 같기도 하다.

[그림 5-11] 시드니 오페라 하우스

1957년 국립 오페라 하우스 설계를 공모했을 때 32개국에서 232점의 작품이 응모되었고, 덴마크의 건축가 우촌J. Utzon의 작품이 당선되었다. 원래 우촌의 작품은 1차 심사도 통과하지 못했다. 당선작 중에 마음에 드는 작품이 없자 심사위원들은 1차에 통과하지 못한 작품들을 다시 찬찬히 보게 되었고, 그중에 우촌의 작품이 눈에 띄어 최종 당선작이 된 것이다.

우촌은 오페라 하우스를 설계할 때 오렌지 조각을 보면서 아이디어를 얻었다. 우촌의 작품은 하늘과 땅, 바다 어디에서든지 완전한 곡선을 그린다는 평을 받고 있다. 우촌의 설계도를 보고 건축물로 만들어내는 것은 힘든 과정이었다. 오렌지 껍질 모양의 지붕 구조를 만들기가 힘들었던 것이다. 지붕 구조를 조립식으로 변형하면서 구조 문제를 해결할 수 있었다.

건설 기간도 원래 2년 예정이었지만 16년이 걸렸고, 공사 비용 또한 처음 예상한 비용보다 10배 이상 증가하게 되었다. 결국 오스트레일리아 정부는 오페라 하우스 건립 복권을 발행하고, 각계각층에서 기부금을 받아서 공사를 진행할 수 있었다.

1964년 정부는 우촌에게 실내 공사비를 줄일 수 있도록 설계 변경을 요구했지만, 우촌이 이것에 타협하지 않고 거부하자, 우촌을 건설 과정에서 제외했다. 우촌은 떠나면서 자신이 설계한 시드니 오페라 하우스에는 다시 오지 않겠다고 하였다.

1973년 10월 20일 준공식이 있는 날, 우촌은 자신이 말한 대로 준공식에 참석하지 않았다. 그 자리에 참석했던 영국 엘리자베스 2세 여왕은 이렇게 말했다. "피라미드를 건설할 때도 논란이 매우 많았지만 피라미드는 지금까지 4000여 년 동안이나 세계의 놀라운 건축물로 남아 있습니다. 나는 이 시드니 오페라 하우스도 그렇게 되리라고 믿습니다." 여왕이 말한 것처럼 시드니 오페라 하우스는 2007년 유네스코 세계문화유산에 등재되었다.

예술적으로 가치 있고 아름다운 설계를 했어도 그것을 만들어낼 경제력이 부족하면 건축물이 제대로 나오기 어렵다. 시드니 오페라 하우스도 우촌이 설계한 대로 내부를 공사하기엔 비용이 많이 들어서 설계가 변경되었고, 지금은 거기서 공연하는 사람들이 실내 공간이 협소하다는 불만의 소리를 내고 있다. 아예 처음 우촌이 설계한 대로 재구성하자고 말하는 사람도 있다. 돈이 많이 들어도 건축가의 원안대로 유지했더라면 더욱 아름다운 소리를 들을 수 있는 공간이 되었을 수도 있다.

우리가 우리의 집을 지을 때도 이상과 현실 사이에서 고민과 갈등을 하게 된다. 좀 더 아름답게, 좀 더 독특하게 짓는다는 것은 좀 더 많은 돈이 들어간다는 것이기 때문이다. 중요한 것은 같은 돈을 가지고, 거기서 사는 사람의 삶을 좀 더 잘 담아낼 수 있는 건축이 될 수 있도록 늘 고민하는 자세이다.

6장

신과 인간,
죽은 자들을 위한 공간

아무것도 없는 곳에 바닥을 만들고, 벽을 에워싸고, 지붕을 얹어서 우리는 공간을 만든다. 그 공간 속에 사람이 들어가 살아갈 때, 온전한 건축물이 된다. 건축물은 그 자체로 완전한 것이 아니라 사람이 그 속에 들어가 생활을 하면서 그 건물이 생명을 얻게 되고, 완전한 건축물이 되는 것이다. 건축물과 사람의 온기가 어우러질 때, 온전한 공간이 창조되는 것이다.

원래 아무것도 없는 곳에 사람이 살기 위한 어떤 표시를 하는 것도 건축 행위이다. 우리가 야외로 놀러 가서 계곡물이 흐르는 시원한 나무 그늘 아래 텐트를 치면 아늑한 공간을 창조하게 된다. 이것도 건축 행위라 할 수 있다. 땅따먹기 놀이를 하기 위해 운동장에 내 땅 영역을 그리고 그 안에 들어가 앉아 놀이를 시작한다. 내가 그려 넣은 내 땅 영역도 건축의 시작이라 할 수 있다. 우리는 늘 건축 속에서 살지만 우리는 그것을 느끼지 못한다.

집을 눈으로만 보지 말고 오감으로 느껴보자. 집은 사랑스런 가족을 볼 수 있는 곳, 아름다운 소리를 들을 수 있는 곳, 은은한 향을 맡을 수 있는 곳, 부드러운 가족 품을 느낄 수 있는 곳, 맛있는 음식을 먹으면서 행복에 젖어들 수 있는 곳이다. 우리는 이런 오감을 통해 삶의 평화로움과 충만함을 느낄 수 있다.

집은 그곳에 있는 자체만으로 기운을 얻어 힘이 나는 공간이어야 한다. 그것은 물리적 조건만으로는 불가능하다. 그 안에 사는 사람의 기운이 중요하다. 공간 안에서 움직이는 사람들이 어떤 기운을 품고 사는가가 평화와 행복을 결정한다. 내가 생활하는 집, 학교, 도서관, 학원 등의 모든 곳에서 따사로운 기운을 전파하는 사람이 되어 보자.

우리는 '내가 살고 싶은 집'을 꿈꾼다. 과연 내가 살고 싶은 집은 내 삶을 진실하게 담아낼 수 있을까? 박노해의 시집《그러니 그대 사라지지 말아라》의 521쪽에 있는 '내가 살고 싶은 집'을 읊어 보며 집에 대해 생각해 보자. 이 시를 읽노라면 푸근한 엄마 품이 있는 집, 사람 냄새 물씬 풍기는 동네가 그려지지만, 거대 자본에 의해 소박한 집이 헐리고 높은 아파트가 들어서는 현실에 대한 안타까움이 느껴지기도 한다.

내가 살고 싶은 집

박노해

내가 살고 싶은 집은
작은 흙마당이 있는 집

감나무 한 그루 서 있고
작은 텃밭에는 푸성귀가 자라고
낮은 담장 아래서는 꽃들이 피어나고

은은한 빛이 배이는 창호문가
순한 나뭇결이 만져지는 책상이 있고
낡고 편안한 의자가 있는 집

문을 열고 나서면
낮은 어깨를 마주한 지붕들 사이로
구불구불 골목길이 나 있고
봉숭아 고추 깻잎 상추 수세미 나팔꽃 화분들이
촘촘히 놓인 돌계단 길이 있고

흰 빨래 널린 공터 마당에
놀이 발_l단 아이들이 뛰놀고
와상 한컨에선 할머니들이
풋콩을 까고 나물을 다듬고

일 마치고 온 남녀들이 막걸리와 맥주잔을 권하는
그런 삽상한 인정과 알맞은 무관심이 있는 곳

아 내가 살고 싶은 집은
제발 헐리지 않고 높이 들어서지 않고
돈으로 팔리지도 않고 헤아려지지 않는

모두들 따사로운 가난이 있는 집
석양빛과 달빛조차 골고루 나눠 갖는
삶의 숨결이 무늬진 아주 작고 작은 집

박노해 시인처럼 우리도 살고 싶은 집을 그려보자. 학교에서는
공부 문제, 진로 문제, 친구 문제로 스트레스를 받고, 축 처진 어깨
를 하고 또 학원으로 간다. 집에 와서라도 몸과 마음을 편안하게
하고 싶다. 해와 달의 에너지를 받을 수 있고, 자연의 소리를 들으
며 마음의 평안을 찾을 수 있는 집을 상상해보자.

내가 살고 싶은 집은
한 가족이 살 수 있는 최소한의 공간

늘 책을 뽑아 읽을 수 있는 거실
높이가 5미터정도 되는 천장
배 깔고 엎드려 비밀일기를 쓸 수 있는 다락방
창 너머 넝쿨 아이비를 볼 수 있는 화장실
설거지하면서 가족을 볼 수 있는 부엌
누구의 간섭도 받지 않고, 새소리 바람소리 들을 수 있는 옥상
예쁜 꽃을 심을 수 있는 작은 마당
상추 열 포기, 고추 다섯 포기, 방울토마토 세 포기 심을 수 있는 텃밭

겨울에도 꽃을 볼 수 있도록 화분 몇 개 들여놓을 수 있는 작은 온실

비 내리는 소리를 들을 수 있고, 비 내리는 모습을 볼 수 있는 마루

이웃을 만나면 잠깐 이야기 나눌 수 있는 집 앞 작은 벤치

아침 햇살 가득 머금고

저녁 달빛 그윽하게 비추는 곳

영혼이 평화로운 집, 아주 작은집

　아주 작은 집, 욕심 없는 집이라고 그려보지만 원하는 공간들을 나열하고 보니 집에 욕망이 그득 담겨 있다는 것을 느낀다. 사람의 욕심이 너무 많이 담기면 집은 편안하지 않다. 사람이 사는 데 꼭 필요한 최소한의 것만 담아보자.

　사람의 욕망을 담아내는 것이 건축이다. 눈에 보이지 않는 신, 형체도 없는 신을 보고 싶어 신전을 지어 신을 담아냈다. 행복하게 살고 싶은 욕망으로 집을 지었고, 죽은 영혼이 편안히 쉬기를 바라는 마음에서 묘지를 만들었다. 이렇게 건축물에는 신을 위한 공간도 있고, 살아있는 사람을 위한 공간도 있으며, 죽은 자를 위한 공간도 있다.

승전의 영광을: 파르테논 신전

자연에 대한 경외심으로 가득 찬 인류는 벼락이 치는 것을 보면서 신의 노여움을 느꼈고, 강이 범람하는 것을 보면서 신에 대한 두려움을 느꼈다. 신을 믿고 신에 의지하여 인간은 두려움에서 벗어나려고 했다. 그런데 신은 어디에 존재하는가? 신은 그 어디에도 존재하지 않았다. 아니 모든 곳에 존재한다고 믿었지만 인간은 신을 볼 수 없었다. 인간은 볼 수 없는 신을 모시는 곳을 만들어냈고 인간은 신이 그곳에 산다고 믿었다.

종교는 성스러운 것이고, 이것은 세속적인 것과 구분된다. 성스러운 것은 신앙의 대상이 된다. 커다란 돌이나 나무를 신성시할 수도 있고, 강이나 산을 신성시할 수도 있다. 소나 돼지 등 동물을 신성시할 수도 있다.

그리스의 수도 아테네에 있는 아크로폴리스 언덕에는 웅장한 고대 건축물인 파르테논 신전이 있다. 파르테논 신전은 지혜와 전쟁의 여신 '아테나'를 모시기 위해 지어진 집으로 '처녀의 궁전'이란 뜻이다. 신전은 아크로폴리스 언덕 가장 높은 곳에 있으며 높이는 30.9미터 폭은 69.5미터이다.

기원전 5세기 초 그리스의 도시국가 아테네는 페르시아^{지금의 이란}와 전쟁을 했다. 막강한 페르시아 군대는 아테네 이곳저곳을 침략해 들어갔다. 아테네는 주변의 도시국가와 힘을 합쳐 페르시아를

[그림 6-1] 파르테논 신전

공격해서 승리할 수 있었다.

이 전쟁의 승리를 기념하기 위해 기원전 447년 파르테논 신전을 짓기 시작하여 15년만인 기원전 432년에 완성하였다. 파르테논 신전은 기단 맨 바깥쪽에 흰색의 대리석 돌기둥 46개가 있고, 그 안쪽으로 또 37개의 기둥이 있다. 이 기둥들은 두께도 다르고, 기둥과 기둥 사이의 간격도 일정하지 않다. 신전의 기단 또한 평평하지 않고, 가운데 부분이 약간 높게 올라와 있다.

파르테논 신전은 왜 기둥의 둘레와 간격이 일정하지 않고, 기단은 수평을 이루지 않을까?

사람에게는 착시 현상이 있다. 똑같은 굵기, 똑같은 높이의 기둥이 똑같은 간격으로 서 있을 때, 서로 다른 모양, 서로 다른 간격으로 보인다. 또한 건물이 수평을 이루고 서 있어도 평평하지 않다고 느끼기도 한다. 파르테논 신전은 이러한 착시 현상 다섯 가지를 고려하여 건축되었다.

첫째, 건물 정면에서 볼 때 기둥의 간격은 양측 모서리로 갈수록 넓어 보인다. 이를 보완하기 위해 가장자리로 갈수록 기둥 간의 간격을 좁게 하였다.

둘째, 긴 수평선을 볼 때 중앙 부분이 처지게 보인다. 이러한 착시 현상을 교정하기 위해 기단의 모양은 중앙 부분을 약간 높게 하여 보다 안정감을 느끼도록 건축하였다.

셋째, 건물 모서리 기둥의 윗부분은 약간씩 바깥쪽으로 벌어져 보이는 현상이 있다. 이를 보완하기 위해 양측 모서리 기둥머리 부분을 약간씩 안쪽으로 기울도록 건축하였다.

넷째, 건물을 정면에서 볼 때 중앙 부분의 기둥들에 비해 양측 모서리 기둥들이 가늘어 보인다. 그래서 가장자리 네 귀퉁이에 있는 기둥을 약간씩 두껍게 만들었다.

다섯째, 거대한 건물의 긴 기둥에서는 중앙부가 얇아 보이는 착시 현상이 발생한다. 위와 아래로 갈수록 정교하게 기둥 둘레의 길이를 줄여 안정감 있게 보이게 하는 것이 엔타시스^{배흘림기둥양식}이다. 파르테논 신전은 이렇게 기둥 가운데를 약간 볼록하게 만들고 위로 올라갈수록 아주 섬세하게 기둥의 두께를 줄였다.

파르테논 신전에서 모셨던 아테나 여신상은 지금은 아쉽게도 사라지고 없지만 높이가 12미터였고, 전신은 황금과 상아로 만들어졌다고 한다. 머리에는 투구를 쓰고, 창과 방패를 갖춘 모양이었다. 파르테논 신전은 조각가인 페이디아스가 감독하였고, 설계는 익티노스, 공사는 칼리크라테스가 맡았다.

신을 모실 집을 지을 때 민족과 나라와 기후에 따라 그 모양은 다양하게 나타난다. 어느 곳에서는 신성한 것이 다른 어느 곳에서는 아무런 의미도 없을 수 있다. 아테나 여신을 숭상하는 아테네인들에게 파르테논 신전은 어마어마한 숭배의 대상이었겠지만 그 누구에게는 그냥 여러 개의 기둥이 서 있는 곳으로 생각될 수 있다.

그 속에 숨겨진 역사와 의미를 깨달을 때, 신전은 신전으로서의 가치가 살아나고, 생명을 얻게 된다. 그래서 '아는 만큼 보인다.'라는 말이 생겨났다. 아무것도 모르고 파르테논 신전을 보았을 때는 그냥 돌기둥이지만, 역사와 의미를 안 다음에는 좀 더 자세히, 좀 더 깊이 있게 볼 수 있기 때문이다.

예수의 탄생, 수난, 영광: 사그라다 파밀리아 성당

성당도 신을 위한 공간이다. 스페인 바르셀로나 중심에 사그라다 파밀리아 성당이 있다. 스페인어로 사그라다^{Sagrada}는 '신성한', '성스러운'이라는 뜻이고, 파밀리아^{familia}는 '가족'을 뜻하기 때문에

[그림 6-2] 사그라다 파밀리아 성당

'성가족성당'이라고도 불린다. '성가족'은 예수와 마리아, 요셉을 뜻한다.

사그라다 파밀리아 성당은, 스페인 카탈루냐 출신의 건축가 안토니오 가우디이코르네트Antonio Gaudi y Cornet에 의해 설계되어 1883년부터 지어지기 시작했으며, 지금도 계속 공사 중에 있다. 우리나라에서는 집 한 채는 몇 개월이면 뚝딱 짓고, 수 천 채의 아파트도 2~3년이면 완공하여 입주할 수 있다. 그런데 백 년 넘게 건물을 짓고 있다는 것이 신기할 따름이다.

사그라다 파밀리아 성당은 가우디의 스승인 비야르^{F. de P. Villar}가 1882년에 짓기 시작했지만 1년 만에 제자인 가우디에게 넘겼다. 가우디는 스승인 비야르의 설계를 폐기하고 처음부터 다시 설계하였다. 가우디는 1883년부터, 기차 사고로 죽은 1926년까지 43년 동안 이 공사를 진행했다. 평생을 바친 셈이다. 가우디는 "진정한 건축은 긴 시간의 결과여야 한다. 건물이 세워지는 데 걸리는 시간이 길수록 더 좋다."라는 말을 했다. 이런 그의 건축 철학으로 130년이 지난 지금도 성당 공사를 하고 있다.

가우디는 건설 현장에서 직접 노동자들과 작업하면서 설계를 해 나갔고, 마지막 10년은 아예 현장으로 작업실을 옮겨 노동자들과 함께 숙식을 하면서 성당을 건축하였다. 가우디는 이 성당 지하 납골 묘에 묻혔다. 원래 성당 지하 납골 묘에는 왕족이나 성인의 유해만 모실 수 있지만 가우디의 업적과 신앙심을 인정하여 로마 교황청에서 허가를 해 준 것이다.

가우디의 설계도에 의하면 종탑이 12개 있고, 중앙에는 아주 큰 종탑이 건축될 예정이다. 그 아래쪽에는 세 개의 문과 세 개의 파사드가 있다. 파사드란 건축물의 주된 출입구의 외벽 부분을 말한다. 세 개의 파사드는 각각 '예수 탄생에 대한 이야기', '예수 수난에 대한 이야기', '예수 영광에 대한 이야기'로 설계되어 있다. 이 중에서 '예수 탄생에 대한 이야기' 파사드는 가우디가 살아 있을 때 완성되었다.

'예수 수난에 대한 이야기' 파사드는 1976년에 완성되었고, '예수 영광에 대한 이야기' 파사드는 아직도 공사 중에 있다. 이 파사드 출입구 안쪽 벽면에는 '오늘 우리에게 필요한 양식을 주옵소서.'라는 글귀를 50개 언어로 새겨 놓았다. 물론 한글도 있다.

사그라다 파밀리아 성당을 설계한 가우디는 "직선은 인간의 선이며, 곡선은 신의 선이다."라고 하였다. 가우디는 가능하면 곡선으로 성당을 설계했지만 가우디가 죽은 후 설계를 맡은 건축가들은 가우디의 건축 철학을 살리면서도 각자의 건축에 대한 신념을 담았기에 직선의 형태도 나타나고 있다. 130여 년이 넘도록 조금씩 자라난 사그라다 파밀리아 성당이 완공될 날을 기다려 본다.

자비로운 원형: 석굴암석굴

우리나라 경주 토함산 중턱에 화강암을 일일이 다듬어 짜 맞춘 인공석굴인 석굴암이 있다. 석굴암은 신라 경덕왕 10년[751년]에 김대성이 창건을 시작하여 혜공왕 10년[774년]에 완성되었다. 석굴암의 정식 명칭은 '석굴암석굴'이다.

석굴암 안에 모신 부처님인 본존불은 정동쪽을 향해 있기 때문에 해가 떠오를 때 본존의 얼굴을 정면에서 비춘다. 본존의 얼굴

[그림 6-3] 석굴암석굴 전경

이 환하게 빛나고 있는 것을 보면 경이로움을 느낄 수 있다. 불교의 사찰은 정동향이 많다. 해가 떠오를 때 대웅전의 본존은 아침햇살을 정면에서 받을 수 있기 때문이다.

　석굴암석굴의 구조를 보면 입구인 직사각형의 전실前室이 있고, 원형의 주실主室이 있다. 전실과 주실을 이어주는 통로인 비도가 있다. 주실의 천장은 360여 개의 넓은 돌로 만들어진 둥근 돔형이다.

　동해의 해돋이를 정면에서 맞이할 수 있는 이곳에 부처님을 모시고 주위에 이를 호위하는 보살상, 나한상, 천부상을 원형으로 배치하였다. 부처님의 세계는 모나지 않은 원만한 원형이라는 생각이 원형 천장을 만들어냈다. 석굴암의 크기는 작지만 신라 장인들의 자신감을 느낄 수 있다.

[그림 6-4] 석굴암석굴 본존불

    어떻게 돌로 반원 형태의 천장을 만들었을까? 둥근 천장을 접착
제를 사용하지 않고 무거운 돌로 건축한 것은 세계에서 찾아볼 수
없는 뛰어난 기술이다. 석굴암의 둥근 천장은 둥근 형태의 네모꼴
판석과 그 사이에 못 형태로 다듬은 쐐기돌을 넣어 견고하게 만들
어졌다. 마지막으로 천장 중앙의 뚜껑돌을 얹어 둥근 모양의 천장
을 완성하였다. 이 뚜껑돌의 무게는 20톤이 넘는다. 석굴암의 내
부 구조는 치밀한 건축 지식의 결과라 할 수 있다. 석굴암 밖에서
는 돌과 흙을 덮어 공기가 통할 수 있도록 하였다.

    신라인들은 석굴암 아래로 샘물이 흐르게 하였다. 일정한 온도
를 유지하는 샘물로 주변의 수분이 자연스럽게 모여 습기가 제거

될 수 있었고, 통풍이 잘 되는 구조는 석굴암 안팎의 온도 차 때문에 습기가 차는 현상을 방지할 수 있었다.

통풍이 잘 되도록 만들어졌던 석굴암을 일제강점기에 외부의 습기를 차단한다는 구실로 시멘트를 부어 보수를 하였다. 석굴암의 건축 기법을 이해하지 못한 행동이라 할 수 있다. 석굴암은 시멘트로 막히어 공기가 통하지 못하게 되었고 내부에서는 습기가 더 심해졌다. 지금은 석굴암을 유리벽으로 차단해 놓고 인위적인 습기 제기기를 설치해 놓았다. 자연스럽게 환기가 되어 습기가 차지 않도록 건축되었던 석굴암은 후손의 어리석음으로 기계 장치에 의지하여 버텨내고 있다. 석굴암석굴은 1995년 유네스코 세계문화유산으로 등재되었고, 국보 제24호로 관리되고 있다.

종교 건축물은 힘든 사람을 보듬는 공간이 되어야 한다

모든 종교는 인간에 대한 사랑을 기본으로 하고 있다. 그러면 교회이든 성당이든 사찰이든 평범한 모든 사람을 위해 사랑을 베풀어야 한다.

종교 공간을 굳게 닫고 그들만의 활동의 장이 되어서는 안 된다. 종교를 통해 재산을 축적하고, 그 재산을 사고팔면서 이득을 취할 때 종교의 본질은 서서히 묻히고 만다. 자본주의 사회에서 종교가 자본을 축적하는 수단이 되기도 하는 것은 참으로 안타까운 일이다.

각 종교인들 간에 서로 믿지 못하고 갈등을 일으키고 비난하는 일이 종종 있다. 그것은 종교의 본질을 크게 해치는 행동이다. '인간에 대한 사랑이 가장 중요하다.'라는 믿음이 깊게 깔려 있다면 어떤 종교를 가진 사람이라도 서로 존중할 수 있다. 그리고 종교를 떠나 모든 가난한 자, 병든 자, 외롭고 힘든 자에게 따뜻한 사랑의 손길을 내밀 수 있다. 교회, 성당, 사찰 등 모든 종교 활동 공간이 힘든 자를 보듬어 주고 세상과 소통하는 역할을 하면 좋겠다.

우리 눈에 가장 많이 띄는 것이 교회이다. 우리나라에서 종교 활동을 위한 공간 중, 가장 많은 곳이 교회인 것이다. 교회가 지역 사회에서 불우한 이웃을 섬기고, 지역 주민과 따뜻하게 소통한다면 마을 교육 공동체의 구심적 역할을 할 수 있지 않을까?

통하는 건축, 통하는 공간이 중요하다. 사람은 혼자 사는 존재가 아니기에 소통은 중요한 덕목이다. 건축 공간 속에서 나를 표현하고, 이웃과 소통할 때 우리는 더 크게 자랄 수 있을 것이다.

삶을 위한 공간: 시부아 주택, 향단, 병산서원

세상에 있는 모든 건축물 가운데, 가장 중요한 것은 지금 이 순간을 살고 있는 우리의 삶을 담아내는 건축물이다. 사람을 위한 공간, 삶이 편안하고 따뜻하게 펼쳐질 수 있는 공간이 중요하다. 아름다운 공간은 아름다운 생각을 만들어 내고, 아름다운 생각은 아름다운 행동을 만들어 낸다. 지금 살아 숨 쉬는 공간이 보다 아름다워진다면 늘 걷고 싶은 동네, 만지고 싶은 건축물이 될 것이다.

우리는 항상 건축 공간에 살지만, 내가 원하는 건축물을 만드는 것이 아니라, 누군가 만들어 놓은 건축물에 들어와 살고 있다. 내가 사는 아파트, 날마다 다니는 학교, 아플 때 가는 병원, 어쩌다 가는 도서관, 스트레스를 날리러 가지만 레벨 업을 못할 때 스트레스를 받게 되는 PC방 ……. 이 모든 공간은 내 삶과 연결되어 있지만 내가 만든 공간은 아니다.

내가 내 집을 짓는다 하더라도 나 혼자만의 힘으로는 불가능하다. 내 집을 설계해주고 지어주는 사람들이 있어야 한다. 어떤 건축가를 만나느냐에 따라 내가 원하는 집 이상으로 만들어 줘서 행복하게 살 수도 있고, 그렇지 못할 수도 있다.

세계적으로 유명한 건축가와 그들이 설계한 집을 살펴보자. 건축에 대해 조금만 관심을 갖고 책을 읽다 보면 자주 등장하는 사람이 있다. 바로 1887년에 스위스에서 태어나고 프랑스에서 주로 활동한 프랑스인 르코르뷔지에이다. 그는 1926년 근대건축의 5원칙을 제시하였다. 5원칙은 '필로티, 옥상정원, 자유로운 평면, 자유로운 파사드, 수평 연속 창'을 말한다.

필로티는 1층을 철근콘크리트 기둥으로 세워 건물을 땅에서 띄워 사람이나 자동차가 자유롭게 드나들 수 있도록 한 것을 말한다. 이제까지 건물은 땅에 붙어 있는 것이라 생각했지만 필로티는 건물을 땅에서 높이 들어올렸다

옥상정원은 땅의 기능을 옥상으로 옮겨 놓은 것이다. 옥상에 정원을 만들어 자연을 공간 안으로 끌어들였다. 지금은 주택의 옥상을 정원으로 만드는 경우가 많다. 시멘트로 덮여 있는 도시 건물 옥상에 흙을 얹고 꽃과 나무를 심어 정원을 만들면 조금이나마 자연과 가까워질 수 있다.

자유로운 평면은 건물 내부를 개방형으로 구성한 다음에 칸막이나 벽을 이용해 독립된 방들을 구성하는 것이다. 이것은 벽이 더 이상 건물을 지지해 주는 역할을 하지 않아도 되기에 가능한 것이다. 기존의 건축 방법은 벽을 쌓아 올린 다음에 지붕을 얹었다. 벽은 건물의 무게를 지탱해 주는 역할을 하였었다. 그러나 르코르뷔지에는 철근콘크리트 구조를 이용하여 몇 개의 기둥만으로 건물을 지탱할 수 있게 하였고, 그러면서 공간 분할은 자유로워졌다.

파사드는 출입구의 외벽을 말한다. 벽이 더 이상 건물을 지탱하지 않아도 되기 때문에 자유로운 장소에 다양한 형태의 파사드를 만들 수 있게 되었다.

수평 연속 창은 가로로 긴 창을 말한다. 기존의 벽돌이나 돌을 쌓아 올려서 만드는 구조에서는 가로로 길게 창을 내기는 어려웠

[그림 6-5] 사부아 주택

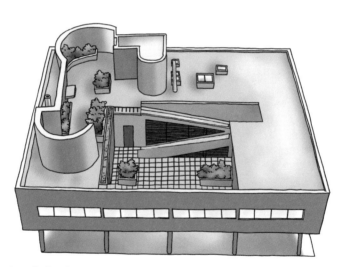

[그림 6-6] 사부아 주택 내부

다. 그래서 세로로 긴 창 구조만 가능했다. 그러나 철근콘크리트 구조 덕분에 가로로 긴 수평 연속 창을 만들 수 있게 되었다. 가로로 긴 창은 햇빛이 일정하게 공간 전체를 비추게 된다. 건물 주인은 긴 창을 통하여 넓게 외부의 풍경을 즐길 수 있다.

르코르뷔지에의 근대건축 5원칙은 기존의 건축에 대한 생각의 틀을 완전히 깨는 계기가 되었다.

파리에서 30킬로미터 정도를 벗어나면 푸아시^{Poissy}란 마을이 있다. 이곳에 르코르뷔지에의 사부아 주택^{Villa Savoye, 1929-1931}이 있다. 사부아 부부를 위해 1929년 꼬르뷔지에가 설계한 주말 주택이다.

사부아 주택은 1층에서 옥상까지 경사로로 오를 수 있다. 경사로는 아래층과 위층을 자연스럽게 연결해준다. 경사로를 통해 천천히 산책을 하면서 가로로 넓은 창을 통해 바깥 경치를 감상할 수 있다. 2층에서부터는 경사로가 주택 한가운데 있는 정원에서 옥상으로 올라가게 되어 있다. 경사로를 따라 옥상으로 가면 반원형 벽 두 개로 둘러싸인 정원이 있다. 옥상정원인 것이다. 옥상 정원에는 나무와 꽃이 심어져 있고, 벽에는 네모난 전망 창이 있으며 그 앞에는 붙박이 탁자가 있다.

사부아 가족은 이 집에서 편안하고 행복하게 살았을까? 사부아 가족이 이사한 지 1주일 만에 아들 방에 지붕에서 물이 세어 들어왔다. 아이는 기관지염에 걸렸고, 이것이 폐렴으로 이어지면서 요양원에서 1년을 보내야만 했다. 사부아 부인은 평평한 지붕에서 빗물이 새는 불만을 편지로 보냈다. "복도에도 비가 오고, 경사로에도 비가 오고, 차고 벽은 완전히 젖었어요. 나아가서 내 욕실에도 여전히 비가 와, 날씨가 나쁜 날에는 물이 흘러넘친답니다. 천장으로 물이 흘러들기 때문이죠."[2]

아무리 아름다운 집이라도 도저히 사람이 살기 힘들다면 그 집은 좋은 집은 아닐 것이다. 지금은 방수 기술이 발달해 지붕이 평평하더라도 빗물이 새는 경우는 거의 없다. 그러나 그 당시는 방수 기술이 발달하지 못했고, 빗물이 밖으로 빠져나가기 어려운 평평한 옥상과 거기에 있는 정원은 집을 물바다로 만들었다. 결국 사부아 가족은 이 집을 사람이 도저히 살 수 없는 집으로 여기고 건축가를 고소하려고 하였다. 그러나 제2차 세계대전이 일어나 사부아 가족이 파리에서 피난 생활을 하면서 법적인 문제까지 가진 않았다.

르코르뷔지에는 집의 예술성과 건축의 5대 원칙을 사부아 주택에 적용했지만 정작 그 안에 살아갈 사람을 먼저 생각하지는 않았다. 이 건축가는 가구 배치, 의자 놓는 자리까지 정해주었으니 사부아 가족은 마음이 편안하지 않았을 것이다. 르코르뷔지에는 자신의 건축 신념을 중시하면서 정작 그 집 안에 사는 사부아 가족의 삶은 살피지 않았다. 그러나 그가 그의 어머니 집을 지을 때는 구석구석 어머니에 대한 사랑과 관심으로 편안하고 따뜻한 작은 집을 지었다.

....
2. 알랭드 보통, 《행복의 건축》, 정영목 옮김, 청미래, 2014, 74쪽

[그림 6-7] 경주 양동마을 향단

집을 짓는 일을 하든, 자동차를 만드는 일을 하든, 빵을 굽는 일을 하든, 사람이 먼저다. 사람에 대한 배려와 애정이 먼저일 때 서로의 마음은 통하고, 공동체가 편안하고 행복하게 살아갈 수 있다.

르코르뷔지에의 사부아 주택은 건축 분야에서 세계적으로 많은 사람들이 찾는 곳이 되었다. 후대에 건축을 전공하거나 건축에 관심이 있는 사람은 꼭 가고 싶어 하는 곳이다. 하지만 사부아 주택에는 지금 사람이 살지 않는다. 집은 사람이 들어가 살아갈 때 생명을 얻는다. 사부아 주택은 건축 예술로서는 훌륭하지만 사람이 편안하게 사는 공간은 못 되었다.

그러나 우리나라 경상북도 경주 양동마을에 1540년경부터 약 500년 동안 사람이 살고 있는 '향단'이라는 집이 있다. 보통 한옥 마을은 박물관처럼 전시되어 있고, 사람이 살지 않지만 향단에는 지금도 사람이 살면서 여행 오는 사람을 맞이한다. 집에 사람 냄새가 깃들 때 온전한 건축물이 된다. '향단'은 몇 백 년 동안 사람의 삶과 함께 이어져온 살아있는 집이다.

양동마을은 2010년 "한국의 역사마을 하회와 양동"으로 유네스코 세계문화유산에 등재되었다. 양동마을을 들어서면 산 중턱에 자리 잡은 '향단'이 눈에 가장 잘 띈다. 마당에 향나무가 있어서 향단이라고 불렀다는 이야기도 있다.

향단은 이언적이 경상도 관찰사로 있던 시절에 노모를 모시고 있는 동생 이언괄을 위해 지은 집이다. 사랑채에서 안채로 이어지는 중문을 냈는데 이것을 통해 당시 노모에 대한 이언적의 마음을 느낄 수 있다. 보통 한옥의 건축 방법을 보면 자연에 스며들어 자연 속에 동화된 것처럼 느껴지지만 향단은 자신의 모습을 자랑하듯 눈에 확 들어온다. 밖에서 보면 자기를 드러내려고 하는 느낌이다. 안으로 들어오면 미로와 같은 구조로, 작은 중정을 비롯한 아기자기한 공간이 친근하게 다가온다.

전통 한옥 중 살림집의 대표로 향단을 꼽는다면, 서원의 대표적인 건축물로는 병산서원을 꼽는다. 병산서원은 경상북도 안동 풍

[그림 6-8] **병산서원 만대루**

천면에 자리 잡고 있다. 이 서원은 서원 정신이 부흥하던 조선 중기에 지어졌다. 서원을 짓는 목적은 학생을 가르치고, 사당에 모신 스승의 제사를 지내는 것이다.

　병산서원에는 학문을 가르치고 배우는 강학 공간이 있고, 서원 뒤쪽 가장 높은 곳에 스승의 제사를 모시는 사당 공간이 있다. 그리고 부속 시설인 주소^{부엌}와 뒷간^{화장실} 등이 있다. 본래 이 서원은 고려 시대부터 사림의 교육기관이었던 풍산 류씨 가문의 풍악서당을 서애 류성룡이 1572년에 병산으로 옮겨온 것이다. 교육을 위한 강학 공간은 이때 지어졌으나 임진왜란 때 소실되어 1607년에 다시 지어졌다. 제사를 지내는 사당이 있는 곳은 류성룡이 죽은 후 그의 제자들이 류성룡을 위해 만들었다. 이 후 만대루가 지어지면서 지금의 병산서원이 완성되었다.

병산서원은 병산과 낙동강의 백사장을 마주보고 있다. 병산서원의 만대루가 유명한 이유는 그 자체로서 눈에 띄는 건물이기 때문이 아니다. 밖에서 만대루를 볼 때보다는 만대루에서 병산과 낙동강을 바라볼 때, 자연에 젖어들 수 있도록 지었기 때문이다. 그것이 만대루 건축의 멋이다.

살아있는 사람을 위한 건축은 일반 상품과 다르다. 상품은 겉에서 본다. 우리는 상품을 구입할 때 '얼마나 실용적으로 만들어진 필통인지?', '표지 디자인은 얼마나 예쁜 공책인지?', '얼마나 편안하게 사용할 수 있는 볼펜인지?' 등을 상품의 밖에서 살펴본다. 그러나 건축은 사람이 들어가 사는 공간이다. 그러면 안에서 밖을 내다봤을 때를 상상해봐야 한다. 그것이 안에 사는 사람을 존중하는 건축이다. 단순히 밖에서 아름다운 모습이 아니라 안에서 보았을 때 자연의 아름다움을 느낄 수 있는 건축이 정말 소중하고 아름다운 건축이다.

병산서원의 만대루만을 놓고 보았을 때는 어느 정자나 비슷하다. 그러나 만대루를 통해 들어오는 병산과 낙동강의 풍광은 경이롭다. 병산서원의 만대루는 자연 앞에서 겸손하고, 자연 속에서 위대하다. 남 앞에 나서서 자신을 뽐내는 사람보다 겸허한 마음으로 묵묵히 자기 일을 하는 사람에게 자연스레 눈길이 가고 마음이 가는 것처럼, 병산서원은 자연 속에 겸손하게 녹아 있어 그 모습이 더 위대해 보인다.

죽은 자를 기억하는 공간: 피라미드, 노무현 전 대통령 묘지

죽음이란 무엇일까? 사람은 죽으면 어디로 가는 걸까? 죽은 후의 세상이 있을까? 죽은 영혼은 오히려 더 자유로운 것이 아닐까? 우리는 죽음에 대해서 많은 질문을 한다. 죽음에 대한 생각은 사람마다 시대마다 민족마다 다르게 나타난다.

영혼이 자유롭고 순수한 아메리카 원주민들은 죽음에 대해 어떻게 생각했을까? '세월호'라는 단어만 스쳐도 눈물이 흐른다. 그 죽음은 온 국민을 슬픔에 몰아넣었고, 아픔으로 몸서리치게 만들었다. 세월호를 추모하는 대표적인 노래 '천개의 바람'은 원래 아메리카 원주민의 시로 알려져 있다.

내 무덤 앞에서 울지 마오
나는 거기 있는게 아니라오, 나는 잠들지 않는다오
나는 숨결처럼 흩날리는 천의 바람이라오
나는 눈 위에 반짝이는 다이아몬드라오
나는 무르익은 곡식 비추는 햇빛이라오

나는 부드러운 가을비라오

당신이 아침의 고요 속에 깨어날 때

나는 하늘을 맴도는 조용한 새처럼 비상한다오

나는 밤하늘에 비치는 온화한 별이라오

내 무덤 앞에 서서 울지 마오

나는 거기 있는 게 아니라오. 나는 죽지 않는다오 [3]

아메리카 원주민들은 죽음을 이 세상과 완전히 이별하는 것이라고 생각하지 않았다. 죽음은 자연으로 돌아가는 것이고, 죽은 영혼은 천 개의 바람이 되어 햇살 속에도 가을비 속에도 온화한 별빛 속에도 존재한다고 여겼다. 죽음은 끝이 아니라 온전한 자유를 얻어 자연으로 돌아가는 것이라고 생각한 것이다.

건축의 역사를 돌이켜볼 때 가장 오래된 건축 중에 가장 의미 있는 것은 죽은 자를 위한 공간 즉, 묘지와 관련이 있다. 묘지는 기억하기 위한 공간이다. 산 자가 죽은 자를 기억하기 위한 건축 공간이 묘지이다. 그러나 몇 백 년, 몇 천 년이 흐르면 죽은 자는 기억 속에서 영원히 사라질 수밖에 없다. 고인돌 아래 묻힌 사람을 우리가 전혀 기억하지 못하는 것처럼.

세계 최초의 건축가는 누구일까? 세계 최초의 건축가는 무엇을

3. 승효상, 《보이지 않는 건축 움직이는 도시》, 돌베개, 2017, 90-91쪽

가장 먼저 설계했을까? 최초의 건축가는 이집트의 임호텝이며, 기자 지역의 피라미드를 설계했다. 피라미드는 고대 이집트의 최고 지도자인 파라오가 죽은 후에 사는 무덤이자 사후 세계를 위한 집이다. 최초의 건축은 무덤이라고 할 수 있다.

이집트 수도 카이로에서 남서쪽으로 13킬로미터 정도 떨어진 기자에는 유명한 3대 피라미드가 있다. 쿠푸 피라미드, 카프라 피라미드, 멘카우레 피라미드이다. 이것은 안에 묻힌 지도자의 이름

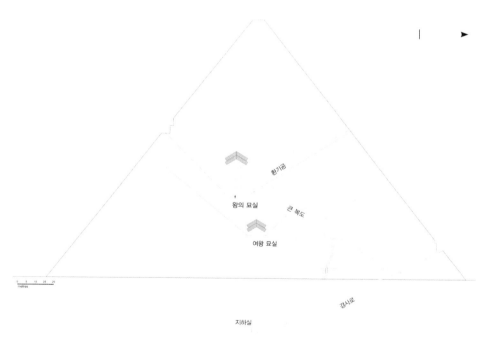

[그림 6-9] 대피라미드 구조도

을 따온 것이다. 이집트의 피라미드는 모두 나일강의 서쪽에 있다. 이집트인들은 나일강의 동쪽은 생명의 세계이며 서쪽은 죽음의 세계라 생각했다. 피라미드는 바닥이 정사각형이고, 벽면 4개는 삼각형으로 이루어져 있다. 이 벽면은 동, 서, 남, 북을 향해 있다.

이집트 사람들은 사람이 죽은 후에도 사후 세계에서 계속 산다고 믿었다. 그러기 위해서는 파라오의 몸은 계속 유지가 되어야 했다. 시체가 썩지 않도록 내장을 제거하고 특수한 약품을 발라 미라로 만들었다. 이집트는 사막 지역으로 습도가 낮아서 미라를 썩지 않게 보존할 수 있는 기후 조건을 갖추고 있다. 피라미드의 구조를 보면 무덤이 안전하게 유지되도록 설계하였다. 지하에는 함정과 가짜 방을 만들고, 그 위에 여왕의 방을 만들었으며 삼각형 피라미드의 중심에 진짜 왕의 방을 두었다.

피라미드 옆에는 스핑크스가 있는데 사자의 몸에 파라오의 머리를 한 조각상이다. 스핑크스는 피라미드를 지키기 위해 만들어진 거대한 건축물이다. 스핑크스는 이집트의 상징이며 세계적으로도 널리 알려져 있다. 카프라 피라미드는 3대 피라미드 중 보존 상태가 가장 좋으며, 높이는 143미터이다. 3대 피라미드 중 가장 작은 멘카우레 피라미드의 높이는 65미터이다.

피라미드에 사용한 돌 한 개의 무게는 2250킬로그램 정도 된다. 3대 피라미드 중 가장 거대한 쿠푸왕의 피라미드는 높이가 146.5미터이고, 약 230만 개의 돌이 쌓아올려졌다. 이런 거대한 돌을 하지만 오늘날 학자들은 농부들이 피라미드를 건설하였다고 주장한다. 나일강이 범람하면 농사를 지을 수 없었고, 그 기간 동안 피라미드를 건설하는 일거리를 구하였을 것이라고 본다. 그 근거로 피라미드에 노동자들이 긁적여 놓은 글에 오늘은 돈을 얼마 받았고, 감독관과 싸워서 일하러 나가지 않았으며, 생필품으로 무엇이 제공되었다는 등의 내용이 있다. 피라미드 근처에서 발견된 석판에서는 노동자들의 출결 상황과 결근하게 된 이유가 적혀 있었다. 이런 상황을 놓고 보았을 때 노예가 아니라 자유민이 피라미드를 건설했다는 주장이 더 정확하다.

또한 경제적인 것은 어떻게 해결했을까? 피라미드를 건설하기 위해서는 현재 기준으로 몇조 원 이상의 비용이 든다. 지금도 이 비용을 충당하기에는 경제적으로 힘들다. 고대 이집트의 사람은 건축 방법, 일하는 사람들의 관리, 경제적인 측면을 모두 해결했기 때문에 피라미드는 우리 눈앞에 거대하고, 웅장하게 서 있는 것이 아닐까?

죽음에 대해 다시 생각해 보자. "내가 이 세상에 태어났을 때 나는 울었고, 내 주변의 모든 사람들은 기뻐하고 즐거워하였다. 내가 이 세상을 떠날 때 나는 웃었고, 내 주변의 모든 사람들은 슬퍼하고 괴로워하였다."라는 말이 있다. 우리가 태어났을 때와 죽을 때를 깊이 고민해 보게 하는 이 글은 티베트의 스승이 제자들에게 들려주는 말이다. 죽음이 끝이 아니라 또 다른 세상의 시작이

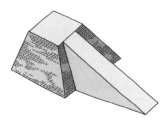

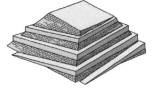

(1) 중앙에 직선으로 만든 경사로를 사용했다.   (2) 둘레에 나선형으로 만든 경사로를 사용했다.   (3) 지그재그

[그림 6-10] 피라미드 건축 방법

어떻게 쌓아올렸을까?

피라미드 경사면 앞에 흙을 쌓아올려서 완만하게 다음 돌을 운반하는 방법도 있고, 피라미드 경사면 흙을 쌓아서 돌을 운반하는 방법도 있다. 또 피라미 로 경사로를 만든 다음 돌을 운반하는 방법도 있다 지 돌을 쌓아올린 다음에는 그 앞에 쌓았던 흙을 우 히 걷어내면 거대한 피라미드가 완성된다.

이 거대한 미피라미드를 만들기 위해 연간 10만 민 들이 돌을 쪼개고, 깎고, 다듬으면서 생활을 했다 들을 어떻게 관리했을까? 또 이 거대한 건축물을 누구일까? 그리스의 역사학자 헤로도토스는 노아 해 지은것이라고 기록했다. 이를 근거로 많은 사 동력을 착취해서 피라미드를 지었을 것이라고 막

고, 삶의 완전한 자유를 얻는 것이라고 여긴다면, 죽음에 대한 슬픔을 조금은 내려놓을 수 있을 것이다.

그래도 누군가의 갑작스러운 죽음은 우리를 안타까움과 슬픔 속으로 몰아넣는다. 묘지는 한 사람의 무덤이 아니다. 그 속에 있는 사람을 통하여 우리가 역사를 기억하고 반성할 수 있고, 앞으로 어떻게 살아가야 할지 방향을 일깨워준다. 또한 묘지라는 공간을 통하여 사람과 사람이 만난다. 묘지는 산 사람을 서로 연결시켜주는 장소가 되기도 한다.

2009년 5월 9일 노무현 전 대통령은 자신의 삶을 스스로 내려놓았다. 이 비극적인 역사 앞에 세상은 엄청나게 놀랐고, 사람들은 정치와 민주주의에 대해 좀 더 관심을 가지는 계기가 되었다. 전직 대통령은 국립현충원에 안장해야 한다는 의견도 있었으나 유족들은 봉하 마을 대통령 사저 뒷산에 안치하기로 정했다. 전직 대통령의 무덤을 설계할 건축가로 처음에 정기용 교수를 추천했다. 그러나 정기용 건축가는 노무현 전 대통령의 사저를 설계한 사람이고, 차마 묘역까지 설계할 수 없다 하여 승효상 건축가가 맡게 되었다.

승효상 건축가는 "작은 비석 하나만 남겨 달라."는 노무현 전 대통령의 유언에서 설계의 고민은 시작하였다. 묘역을 유족들 뜻대로 봉하 마을 뒷산으로 정할 수는 없었다. 왜냐하면 전 대통령의 묘역은 죽은 자만의 공간이 아니기 때문이다. 추모하러 오는 사람들이

[그림 6-11] 만성절 밤 스웨덴 스톡홀름의 스코그쉬르코고르덴 공동묘지에 세워져 있는 십자가

있을 것이고, 그 사람들이 만날 수 있는 공간으로 비탈진 산속은 적절치 못하다고 판단하였다. 그래서 뒷산에서 바라다 보이는 평지를 묘지로 골랐다. 이 땅은 마을과 산 사이에 물길이 흘러 삼각형 모양을 만든 자리였다. 건축가는 산과 평지가 만나는 그곳을 죽은 자와 그것을 추모하는 자가 만나는 곳으로 적절한 장소라 여겼다.

　승효상 건축가가 묘지를 구상할 때 떠올린 곳은 세계적으로 유명한 스웨덴의 스코그쉬르코고르덴^{우드랜드} 공동묘지, 소박한 간디의 묘, 그리고 우리나라의 종묘였다. 새로운 창조는 모방 속에서 나온다. 세 곳의 무덤을 생각하며 노무현 전 대통령의 무덤을 구상해내었던 것이다.

[그림 6-12] 라즈가트(Raj Ghat)에 있는 간디의 묘

스코그쉬르코고르덴공동묘지Skogskyrkogarden, Woodland Cemetery는 스웨덴 스톡홀름 외곽에 자리한 시립 묘지이다. 이 묘지는 자연에 스며들어 있는 것으로 유명하다. 건축가 에릭 군나르 아스플룬드와 시구르트 레베렌츠가 함께 설계하였다. 1915년 설계를 시작해 무려 25년만인 1940년 완성됐다. 스코그쉬르코고르덴 공동묘지는 1994년 유네스코 세계문화유산으로 지정되었다. [4]

이곳은 죽은 자와 산 자가 서로 어울리는 공간, 건축과 자연이 서로 풍경처럼 어울리는 공간이다. 건축은 최소화하고 가능한 자연의 모습을 살려 방문객을 감싸 저절로 삶과 죽음에 대해 성찰하

4.구본준, 《구본준의 마음을 품은 집》, 2013, 182-183쪽을 참고

[그림 6-13] 종묘

는 공간이 되도록 한 것이다.

간디를 추모하는 공간인 라즈가트는 인도의 델리에 있는 장묘 공원 속에 따로 마련되어 있다. 이 공간은 특별하지 않다. 단순하게 풀밭 정원 위에 검은색 돌로 만든 제단이 전부다. 세계적으로 위대한 인물 간디의 묘역임에도 가장 소박하게 꾸며져 있다.

종묘는 조선 시대 왕과 왕비의 신주를 모시고 제례를 지내는 곳이다. 즉 조상들의 영혼을 모시는 묘지라고 할 수 있다. 종묘의 건물은 태조가 수도를 한양으로 옮긴 1394년 12월에 지어졌고, 임진왜란 때에 소실된 것을 광해군 즉위년1608년에 다시 지었다. 종묘는 옆으로 길게 뻗어서 죽은 왕과 왕비를 기리기 위해 고요하게 침묵하고 있다.

[그림 6-14] 봉하 마을 노무현 전 대통령의 묘

　종묘의 정전은 가로 109미터, 세로 69미터의 넓은 월대 위에 세워졌다. 정전 자체는 가로 길이가 101미터로, 우리나라에서 가장 긴 목조 건물이다. 정전 건물 앞에는 크기와 모양이 다른 얇은 돌을 쌓아 만든 단이 있는데, 이 단이 '월대'이다. 월대는 정전의 아름다움을 드러내고 종묘 제례 의식을 행하기 위해 만들어진 것이다. 월대는 정전의 마당으로 죽은 자와 산 자가 만나는 중간적 역할을 하는 공간이다. 월대의 빈 공간이 종묘를 더욱더 숭고하고 아름답게 만든다. 종묘는 '동양의 파르테논'이라고도 불린다.

노무현 전 대통령의 무덤을 보면 묘 자체는 작은 비석이 있는 곳 다섯 평에 불과하다. 그러나 묘역 전체는 천 평이 넘고, 바닥에는 시민 1만 5천 명이 노무현 전 대통령을 추모하는 글귀가 새겨진 돌이 놓여져 있다.

묘 뒤편에는 60미터에 이르는 강판이 세워져 있다. 철은 강한 이미지를 갖고 있고, 시간이 지날수록 녹이 슬어 붉은 빛으로 변해 더욱더 강한 의지가 느껴진다. 노무현 전 대통령의 무덤에 있는 철판에는 '민주주의의 최후의 보루는 깨어있는 시민의 조직된 힘입니다.'라는 글귀가 선명하게 새겨져 있다. 불면 꺼질 듯 여리여리한 촛불은 함께 모여 참다운 민주주의로 가는 길을 열었다. 이것이 깨어있는 시민들이 모여서 만든 막강한 공동체의 힘이다.

무덤 다섯 평은 죽은 자의 편안한 안식처가 되고, 그 묘역 천 평은 산 자의 공간이 되었다. 눈에 띄는 거대한 건축물은 없지만 자연과 어우러지면서 텅 빈 묘역은 그를 기리는 사람들로 늘 채워진다. 죽은 자의 무덤 앞에서 마음은 경건해지고, 삶은 차분해지며, 산 자는 과거를 성찰하면서 평화로운 미래를 꿈꾸게 된다.

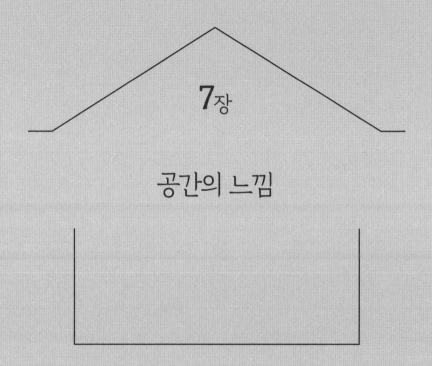

7장

공간의 느낌

인류는 자연환경으로부터 생명을 보호하고 안전한 생활을 위해 건축을 시작하였다. 처음에는 흙, 돌, 나무와 같이 주변에서 구하기 쉬운 재료를 사용하였다. 흙은 어디에나 있기 때문에 가장 많이 사용한 건축 재료이기도 하다. 건축 기술이 발전하면서 화재에도 강하고, 오래 가고, 편하게 사용할 수 있는 다양한 재료가 개발되었다. 그중에서 현재 일반적으로 널리 사용되고 있는 것은 철근 콘크리트이다.

건축의 역사를 보면 산업혁명 이전에는 재료를 옮기는 운송 수단과 기술이 발달하지 못했기 때문에 주변의 자연환경에 따라 사용하는 재료가 달랐다. 짐승의 가죽이나 뼈, 나무, 흙, 돌, 얼음, 짚과 풀 등 주변에서 쉽게 구할 수 있는 것을 건축의 재료로 사용하였다. 산업혁명 이후 철이 대량생산되면서 철골의 사용과 함께 철근콘크리트가 발달하였다. 건축 재료가 발달하면서 주변 환경의 영향을 덜 받으면서 건물을 지을 수 있게 되었다.

건축가는 어떤 건물을 짓는가에 따라 재료를 달리 선택한다. 규모가 크지 않은 건물은 흙이나 나무로도 가능하지만 수십 수백 층 이상 올라가는 빌딩은 철근콘크리트를 사용해야만 한다. 콘크리트는 시멘트에 모래, 자갈 등을 물과 잘 섞어 반죽한 것이다.

콘크리트는 자주 철근과 함께 사용된다. 철근은 당겨지는 힘에 강하고 콘크리트는 압축력에 강하다. 철근은 사람의 뼈대에 해당하고, 콘크리트는 살갗이라고 할 수 있다. 사람이 뼈대가 없으면 쓰러지는 것처럼, 콘크리트에 철근을 함께 사용하지 않으면 높은 건물은 무너지고 만다.

철근콘크리트 구조에서 철근이 없으면 높은 빌딩을 지을 수 없다. 철근은 콘크리트 안에 있어 눈에 띄지 않는다. 눈에 띄지 않지만 건축물의 핵심이 되는 것이다. 우리 주변에도 눈에 띄지 않으면서 묵묵히 제 역할을 하는 사람이 있다. 평소에는 학급이나 공동체에서 드러나지 않지만 없을 때는 빈자리가 크게 느껴지는 사람이 있다. 이런 사람이 공동체의 핵심적인 존재이지 않을까?

건물은 어떤 재료로 짓느냐에 따라 느낌과 분위기가 다르다. 흙이나 나무는 따뜻하고 부드러운 느낌이 들고, 철이나 돌, 콘크리트는 차갑고, 단단한 느낌이 든다. 재료에 따른 대표적인 건축물을 살펴보자.

변함이 없는 사랑: 돌로 지은 타지마할

돌은 그 성질이 변하지 않고 오래 지속되는 성질, 즉, 내구성이 강하다. 돌은 수십 년이 지나도 그 모습을 그대로 유지하며 아름다운 빛을 띠고 있다. 돌은 강도가 강하고, 연장을 이용하여 잘 다듬으면 다양한 모양을 낼 수 있다. 그러나 돌을 캐내거나 운반하는 것은 꽤 어려운 일이다.

인도의 아그라라는 곳에는 타지마할이 있다. 궁궐처럼 생긴 이 건물은 묘지이다. 이 건물은 석회암이 변성 작용을 거쳐 만들어진 대리석으로 이루어져 있다. 대리석은 아름답고 비싼 돌이다.

　인도의 옛 나라 무굴제국의 황제 샤 자한은 1612년 뭄타즈 마할과 결혼했다. 뭄타즈 마할은 전쟁터에서 열다섯 번째 아이를 낳다가 죽었다. 뭄타즈 마할을 지극히 사랑했던 샤 자한은 왕비가 죽자, 백성들에게 2년 동안 왕비를 추모하도록 하였다.

　샤 자헌은 죽은 왕비를 위해 세상에서 가장 아름다운 무덤을 만들기로 하였다. 인도 건축가 아흐마드 라하우리가 설계한 타지마할은 22년 동안 공사를 해서 1654년에 완성되었다. 2만 명이 넘는 노동자들이 일을 했고, 2천여 마리의 코끼리가 러시아, 중국에서 들어온 건축 자재를 운반했다. 왕비를 사랑하는 마음은 하얀색의 아름답고 찬란한 궁전 같은 무덤을 만들어냈다.

　타지마할의 정문에 들어서면 길 중앙에는 일직선의 연못이 있고, 양옆에 나무가 심어져 있다. 연못에 비치는 초록빛 나무와 흰색의 대리석으로 만든 돔 지붕은 잘 어우러져 있다. 하얀 대리석은 햇빛이 비추는 시간에 따라 다양한 빛을 내면서 신비한 모습을 보여준다.

　돔 내부에는 샤 자한과 뭄타즈 마할이 나란히 안치되어 있다. 중앙 돔 주변에 네 개의 탑이 있다. 이 네 개의 탑은 직선이 아니라 바깥쪽으로 약간 기울어져 있다. 이것은 지진이 발생하여 무너

[그림 7-1] 타지마할

지더라도 묘지인 중앙 돔으로 쓰러지지 않도록 하기 위한 것이다.

샤 자한은 건물 짓는 비용을 충당하기 위해 세금을 50퍼센트나 올렸다. 평소에 건축에 관심이 많았던 샤 자한은 인도는 물론 유럽, 동남아시아와 페르시아에서 훌륭한 장인들을 모아 공사를 진행하였다. 타지마할은 아름다운 대리석 외에 티베트의 수정, 튀르크 지역의 연옥, 아프가니스탄과 이집트의 진주, 사파이어, 다이아몬드, 미얀마 북부의 옥 등을 수집하여 화려한 모습으로 지어졌다. 이슬람 황제들은 성을 지을 때 붉은 사암을 주로 사용하였다. 그러나 타지마할은 흰색 대리석을 주로 사용하였는데, 이것은 힌두교의 전통을 따른 것이다. 문에는 연꽃무늬가 새겨져 있는데 이것도 힌두교의 전통과 가깝다. 타지마할은 힌두와 이슬람의 건축 기술이 만나 조화를 이룬 최고로 아름다운 무덤으로 "인도에 위치한 무슬림 예술의 보석이며 인류가 보편적으로 감탄할 수 있는 걸작"이라는 평가를 받으며 1983년에 유네스코 세계문화유산으로 지정되었다.

샤 자한은 타지마할이 완성되고, 이 건축 공사에 참여했던 모든 사람들의 손목을 잘랐다. 타지마할보다 더 아름다운 건물이 지어지지 못하도록 하기 위해서이다. 건축물을 사람보다 더 우선시한 너무나 잔인하고 끔찍한 행동이다. 타지마할을 아름답게 건축하기 위해 애쓴 사람들의 손목이 잘릴 때, 황제에 대한 증오의 마음은 활활 타올랐을 것이다.

이렇게 잔인한 행동을 한 황제의 마지막은 어떠했을까? 샤 자한은 아들에 의해 감옥에 갇혔다. 감옥의 창 너머 멀리 보이는 타지마할을 보면서 사랑하는 아내를 그리워하다 감옥에서 마지막을 보냈다. 아무리 막강한 권력을 가졌다 하더라도 사람을 함부로 대해서는 안 된다. 인간을 귀하게 여기고, 인간의 존엄을 존중하는 리더가 참다운 리더이다. 누구나 리더가 될 수 있다. 리더의 가장 기본은 인간 존엄을 존중하는 것이다. 사람을 귀하게 여기는 리더는 계속 존중받을 것이요, 그렇지 못한 리더는 그 자리에서 쫓겨나 초라한 모습으로 생을 마감하게 될 것이다.

가볍고 견고한 자연스러움: 나무로 지은 봉정사 극락전

우리나라 조상들은 주로 나무로 지은 집에서 살았다. 나무는 가볍고, 내구성이 뛰어난 건축 재료이다. 나무는 해충과 습기로부터 잘 보존을 한다면 철근보다 더 오래 유지될 수 있는 재료이다. 그러나 화재가 발생했을 때는 쉽게 타버리는 것이 목재이다. 2008년 2월 10일 밤 '국보 1호' 숭례문이 방화로 완전히 타버린 사건이 있었고, 이때 국민들은 큰 충격에 빠졌다. 숭례문 또한 목조 건축물이다.

우리나라에서는 살림집뿐만 아니라 스님들이 거처하는 사찰, 왕이 머무는 궁궐도 대부분 나무로 지었다. 우리나라 목조 건축 발달에 영향을 미친 것은 사찰 건축이다. 우리나라에 4세기 무렵 불교가 들어왔고, 사찰이 많이 지어지면서 목조 건축 기술도 발달할 수 있었다.

우리나라에 남아 있는 가장 오래된 목조 건축물은 무엇일까? 경상북도 안동시 서후면 태장리에 있는, 봉정사 극락전이다. 이 극락전은 고려 시대 불전이다. 불전은 '부처님을 모시는 집'이라는 뜻이다. 극락전은 부처님을 모신 집으로 절의 중심이 되는 곳이다. 봉정사 극락전은 정면이 세 칸, 측면이 네 칸으로 되어있다. 봉정사는 신라 문무왕 때인 672년 의상대사에 의해 창건되었으며, 봉정사 극락전은 지금까지 남아있는 목조 건축물 가운데 가장 오래된 것이다. 1962년에 국보 제15호로 지정되었다.

1972년 극락전을 수리할 때 상량문이 발견되었다. 상량문이란 집을 새로 짓거나 고친 내력, 작업한 목수, 작업한 날짜 등을 적어둔 글이다. 이 상량문에는 고려 1363년 공민왕 때 건물의 지붕을 수리한 사실이 기록되어 있다. 우리나라 전통 목조 건축물은 100년이나 150년이 지나야 지붕을 수리하므로 극락전이 세워진 시기는 고려 중기인 1200년대 초 정도로 볼 수 있다. 이 자료를 통해 우리나라에 남아 있는 목소 건축물 중 가상 오래된 것임을 알 수 있다.

이 상량문의 기록이 없었다면 봉정사 극락전이 지어진 연대를 제대로 알지 못했을 것이다. 우리가 살면서 기록을 남긴다는 것은 중요하다. 지금 이 순간의 일은 기억할 수 있지만 시간이 지난 후에는 잊히기 마련이다. 기억은 잊혀도 기록은 남는다. 중요한 것을 기록해 놓았다면 불안하지 않다. 왜? 기록을 보면 되니까.

봉정사는 의상대사의 신비한 힘으로 만들어진 절이라는 이야기가 있다. 의상이 부석사에서 종이로 봉황을 접어 바람에 날려 보냈다. 이 종이 새는 실제 봉황처럼 날아서 지금의 봉정사 자리에 앉았다는 것이다. 의상은 그 자리에 절을 짓고, 절 이름을 봉정사

[그림 7-2] 봉정사 극락전

라고 하였다는 설화가 있다.

봉정사의 지붕은 옆에서 볼 때 사람 인ㅅ자 모양이다. 이런 모양의 지붕 형태를 맞배지붕이라 한다. 기둥은 배흘림 형태이다. 파르테논 신전의 기둥처럼 가운데가 불룩하고 위 아래로 갈수록 점점 가늘어지는 형태를 말한다. 극락전의 양 끝의 기둥은 약간 안으로 기울어져 있다. 기둥 위에는 커다란 지붕이 있기 때문에 사람의 눈높이에서 보면 기둥이 바깥쪽으로 퍼져보여 불안한 느낌을 받을 수 있다. 그래서 사람의 시선이 편안하도록 양 끝의 기둥을 약간 안쪽으로 기울인 안쏠림 기법을 사용한 것이다. 그리스의 파르테논 신전이 양측 모서리에 있는 기둥머리 부분을 안쪽으로 기울여서 건축한 것과 닮아있다.

그리스의 건축가든 우리나라의 건축가든 중요하게 생각했던 것은 건축물을 통해 사람이 편안함을 느끼는 것이었다. 착시 현상으로 오는 불안감을 없애기 위해 옛날 동서양의 건축가들이 같은 건축 기법을 적용하여 해결하였다. 우리는 옛날 건축가들의 정성으로 지금 남아 있는 건축물을 감상하면서 편안함과 아름다움을 느낄 수 있다. 진정으로 아름다운 건축이란 우리에게 마음의 평온을 가져다주는 것이 아닐까?

빛을 가득 담은 찬란함: 유리로 지은 수정궁

유리로 건물을 지으면 어떤 느낌이 들까? 유리의 가장 큰 특징은 안이 훤히 들여다보인다는 것이다. 투명하기 때문에 빛을 가득 담을 수 있어 내부가 환하다. 유리는 빛을 투과하기도 하고, 반사하기도 하면서 아름다움을 주기 때문에 건축에서도 특별하게 사용되었다. 고딕 성당의 스테인드글라스는 다양한 빛을 내면서 신비감을 불러일으킨다. 중세시대에는 기술력이 부족하여 큰 판유리를 만들기 어려워서 작은 유리 조각을 밀랍으로 붙여 유리창을 만들었다. 그것이 스테인드글라스로 발전하게 된 것이다. 작은 유리에 색을 입혔고 색을 통해 들어오는 햇살은 찬란하고 신비스러우며, 경건한 마음이 들게 하였기 때문에 스테인드글라스는 주로 종교 건축물에 사용되었다.

르네상스 이후에 유럽에서 판유리가 생산되면서 유리 창문이 나오게 되었다. 이때도 유리는 귀한 건축 재료였기 때문에 돈이 많은 사람들만 어렵게 사용할 수 있었다. 유럽에는 창문세가 있었다. 유리창은 제작하기 어렵기 때문에 비용이 많이 들었다. 집에 창문이 많으면 부자라고 여겼고, 창문의 개수에 따라 세금을 부과하였던 것이다.

창문세는 주택세가 나오기 전까지 150년 동안 시행되었다. 사람들은 세금을 덜 내기 위해 창문을 막고 벽으로 만들기도 하였다. 그러다 보니 빛이 들지 않고, 위생이 나빠지고, 사람들은 우울증에 시달리기도 했다.

산업혁명 이후 유리가 대량생산되면서 그 사용량도 늘어나게 되었다. 우리나라에서는 1883년에 완공된 일본 공사관 건물에 유리창이 처음 사용되었다. 지금은 거리의 상점 대부분이 유리로 되어 있어서, 쇼윈도 너머로 쉽게 상품을 구경할 수 있다.

유리의 종류도 다양하다. 밖에서는 안 보이고 안에서만 보이는 유리도 있고, 반사가 전혀 없어서 유리가 보이지 않는 유리도 있다. 유리를 만드는 기술은 계속 발전하고 있다. 태양광 발전이 가능한 유리를 만들면 어떨까? 모든 유리가 태양광 발전이 가능하다면 에너지 부족 현상을 해결할 수 있지 않을까?

유리로 지은 대표적인 건축물을 살펴보자.

1851년 세계 박람회가 영국 런던에서 열렸다. 박람회는 전 세계의 기계나 상품들을 전시하는 행사이다. 영국에서는 전 세계에서 오는 1만 6천 개의 물건을 전시하기 위한 공간이 필요했다. 박람회 날짜는 정해졌고, 그 날짜에 맞추어 어마어마한 규모의 박람회장을 지어야 하는 영국은 고민에 빠졌다. 이때 조셉 팩스턴Joseph Paxton에 의해 수정궁이 설계되었다. 팩스턴은 온실 설계자였다. 저렴하면서도 빠른 시일 내에 지을 수 있는 건축 방법으로 순전히 철과 유리만으로 거대한 온실처럼 짓기로 결정했다.

식물에 관심이 많았던 팩스턴은 지름이 150센티미터나 되는 열대 수련의 잎에 어린아이를 올려놓아도 견디는 것을 보고, 얇은 잎의 뒷면을 살펴보았다. 거기에는 중앙의 한 점을 중심으로 거미줄처럼 뻗어나가는 방사상의 잎맥과 여러 개의 교차엽맥이 있었다. 팩스턴은 이 빅토리아 수련의 구조를 보면서 수정궁의 구조를 생각해낼 수 있었다. 철골을 잎맥과 교차엽맥처럼 서로 연결하여 그 위에 유리를 연결하는 방법으로 수정궁을 완성하였다.

공장에서 유리와 철골을 생산해낸 후 현장에서 조립하였다. 철기둥은 330개, 기둥과 기둥을 연결하는 철골은 5000개, 유리는 30만 장이 들어갔다. 공장에서 미리 생산해서 가져온 것을 현장에서는 조립만 하면 되었기 때문에 빠른 시일 내에 수정궁을 완성할 수 있었다. 박람회는 전 세계의 기술이 얼마나 발전했는지 비교할 수 있는 곳이다. 영국은 기술 발전을 자랑하기 위해 기존의 건축 재료를 사용하지 않고 철과 유리로만 수정궁Crystal Palace을 지었다.

수정궁은 앞문에서 뒷문까지의 거리가 541미터, 너비는 124미터이고 높이는 33미터였다. 건물 지을 땅에 느릅나무 세 그루가 있었는데 이것을 캐내지 않고, 아치형의 지붕을 만들어 안에 둔 채로 건물을 지었다. 커다란 유리 온실 속에 느릅나무가 자연스럽게 살아갈 수 있었다. 자연을 훼손하지 않고 그대로 설계에 반영하면 더욱 아름다운 건축물을 얻을 수 있다.

세계의 시민들은 수정궁의 투명하고, 찬란히 빛나는 유리로 된 벽과 지붕을 보면서 놀라워했다. 돌, 벽돌, 목재 등 기존의 건축 재료를 전혀 사용하지 않은 수정궁의 건축 방법은 신선한 충격을 주었다. 특히 조립하는 건축 방식은 집 없는 사람들에게 싼 가격으로 집을 공급하는 데 영향을 끼쳤다. 런던 박람회가 열리는 동안 빅토리아 여왕은 박람회장을 열다섯 번이나 방문하였다.

런던 박람회가 끝나고 1852년 수정궁은 해체돼 교외로 옮겨져 다시 조립되었다. 이후 수십 년 동안 이곳에서 음악회, 전시회 등이 열리면서 많은 사람들의 관심과 사랑을 받았으나, 1936년 저녁에 발생한 화재는 순식간에 유리와 철을 녹이고 수정궁을 사라지게 만들었다.

수정궁은 당시 영국인과 전 세계인의 마음을 설레게 했고, 많은 사람의 관심을 집중시켰다. 팩스턴은 기존 건축 기술의 틀을 깬 사람이다. 그는 온실 설계사였고, 온실에 대한 많은 연구를 했으며,

[그림 7-3] 영국의 수정궁

다양한 온실 설계의 경험을 바탕으로 수정궁을 지을 수 있었다.

자신이 지금 하는 일에 집중할 때, 한 차원 높은 그 무엇을 끄집어낼 수 있다. 지금 자신이 해야 하는 일에 집중하고 있는지는 매우 중요하다. 지금 이 순간의 행동들이 모여서 삶의 그림이 그려지기 때문이다. 팩스턴이 온실에 대해 끊임없이 고민하고, 다양한 방법으로 설계한 경험은 수정궁을 만들어냈고, 이 수정궁은 역사 속에 영원히 남는 건축물이 되었다. 당시에 팩스턴은 지금 자신이 하는 일에 집중하며 살았던 사람이다.

'지금 나는 무엇을 하고 있으며, 그 일에 집중하고 있는가?', 지금 하는 행동이 자신의 미래를 결정한다. 지금 이 순간 최선을 다하자.

강력하고 견고한 부드러움: 철로 지은 에펠탑

철은 메마르고, 차가운 느낌이 들지만 오래도록 견딜 수 있는 강함을 가지고 있다. 프랑스 파리의 에펠탑은 철로 지은 건축물이다. 1889년은 프랑스혁명 100주년을 기념하여 세계박람회가 파리에서 열렸다. 1884년 프랑스의 대통령은 이 박람회에서 전 세계인이 깜짝 놀랄 만한 건축물이 필요했고, 아이디어를 공모하였다. 그 결과 300미터 높이의 철탑을 설계한 알렉상드르 구스타브 에펠Alexandre Gustave Eiffel의 작품이 당선되었다. 1887년부터 건축하기 시작한 이 탑은 건축가의 이름을 따 '에펠탑'으로 정해졌다.

에펠탑은 돌을 주로 하던 건축의 시대에서 철을 주재료로 하는 건축의 시대로 가는 전환점이 되었다. 탑에 사용된 철의 양은 7300여 톤 정도 된다. 1만 8천 개의 철 구조물을 정확하게 연결하였으며, 이것을 연결하는 나사못은 250만 개 정도가 사용되었다.

도시 한복판에 철로만 된 탑이 우뚝 솟자 파리 시민들은 엄청난 비평들을 쏟아 냈다. 프랑스의 소설가 모파상은 에펠탑을 '철제 사다리로 만든 비쩍 마른 피라미드'로 표현하며 철거할 것을 주장하였다.[5] 에펠탑이 완성된 후 모파상은 에펠탑 안에 있는 식당으로 들어가서 식사를 했다. 그 이유를 묻자, '에펠탑은 파리 시내 어

5. 이석용, 《건축, 교양이 되다》, 책밥, 2016, 162쪽

[그림 7-4] **프랑스 파리 에펠탑**

디에서나 보이기 때문에 에펠탑을 보지 않을 유일한 방법은 이 안에 들어오는 것이다.'라고 답했다고 한다. 대부분의 프랑스인들은 철로 된 차가운 느낌의 뼈대만 앙상하게 드러내고 있는 에펠탑에 대해 부정적인 평가를 내놓았다.

건축 당시 '저 높은 탑이 혹 무너지면 어쩌나?', '저 흉측한 쇳덩어리 좀 치웠으면 좋겠어.'라며, 파리 시민들은 근심과 불안의 나날을 보냈고 탑 건설에 엄청나게 반대를 했다.

에펠탑은 주변 건물들에 비해 두 배 이상 높은 건물이 되었다. 건물이 높으면 바람의 영향을 많이 받게 된다. 높은 탑이 쓰러지지 않도록 에펠은 바람의 저항에 대해 많은 고민을 하면서 설계하였다. 철골이 바람과 만나는 면을 최소화하기 위해 줄처럼 가볍고 기느다란 철제를 사용하였다.

1889년 세계박람회 때 에펠탑을 보기 위한 관광객이 하루 2만 명이나 몰려들었다. 6개월 동안 열린 세계박람회는 에펠탑 덕분에 성공적으로 끝마칠 수 있었다. 에펠탑이 처음 세워졌을 때 사람들은 비난의 목소리를 높였으나 에펠탑 없는 파리는 상상하기 힘들 정도로 지금까지 의연하게 그 자리에 서 있는 중요한 건축물이 되었다.

경건하고 엄숙한 기도: 벽돌로 지은 경동교회

벽돌은 고온에서 구워냈기 때문에 높은 온도에서도 잘 견딘다. 벽돌은 굉장히 단단하여 잘 깨지지 않고, 불이 나도 잘 타지 않는다. 벽돌은 우리가 흔히 접할 수 있는 건축 재료이다. 집의 외벽에다 붙이기도 하고, 담장을 쌓기도 하고, 화단의 경계를 만들 때도 사용한다. 옛날에는 붉은 벽돌을 주로 사용했지만 지금은 다양한 색깔의 벽돌이 생산되고 있다.

벽돌로 된 대표적인 건축물에는 무엇이 있을까?

서울 중구 장충동의 경동교회가 있다. 우리나라가 광복된 후 일본의 토착 종교인 천리교의 사원으로 사용되었던 건물이 한국 종교 단체들에게 넘겨진다. 그중 하나가 경동교회로 개조된 것이다. 경동교회는 1945년 12월 일제강점기에 사용되던 천리교 교당을 허물고 새로 지은 건물이다. 현재 사용되고 있는 경동교회 건물은 1981년에 신축된 것으로 김수근 건축가가 설계한 것이다.

경동교회의 외부는 붉은 벽돌로 감싸여 있고, 창문이 없다. 독특하고 단순하다. 그 모양은 횃불 같기도 하고 기도하는 손 같기도 하다. 계단을 따라 뒤로 기면 출입문이 있다. 안으로 들어가면 천창을 통해 들어오는 밝은 햇살을 느낄 수 있도록 설계하였다. 그러나 아쉽게도 건축 당시에는 개방되어 있던 천장을 지금은 막아버렸다. 내부 공간은 콘크리트를 노출시켜 그 질감이 그대로 전해진다. 그 자체로 경건하고, 엄숙하다.

우리나라에서 야경을 볼 때 가장 많이 눈에 띄는 것이 붉은 십자가이다. 그러나 경동교회에는 그 흔한 십자가가 없다. 우리나라 교회는 왜 밤에도 멀리까지 불빛이 전해지는 붉은 십자가를 다는 것일까?

경동교회는 서로 다른 높이의 여러 개의 기둥이 모여 하나의 건물이 되었다. 그 기둥은 마치 서로 다른 길이의 손가락을 모아 쥔 것 같다. 이 건물을 보고 있으면 저절로 두 손이 모아지고 무엇인가를 향해 간절히 기도하는 마음이 된다.

김수근은 현대 건축의 선구자로, 1961년부터 건축가로서 활발

[그림 7-5] **경동교회**

한 활동을 시작했다. 그의 건축물로는 국립부여박물관, 서울 남영동 대공분실, 국립중앙과학관, 주한미국대사관, 공간사옥, 경동교회, 양덕성당 등 여러 개가 있다. 그 많은 건축물 중에 국립부여박물관은 일본 건물과 너무 닮았다는 논란에 휩싸였고, 남영동 대공분실은 당시 대학생 박종철 열사가 고문을 받다가 죽는 사건이 발생한 공간으로, 사람들의 분노를 불러 있으켰다.

아무리 유명한 건축가라 하더라도 그 작품에 대해 모두 찬사가 쏟아지지는 않는다. 우리는 살면서 늘 세상의 평가에 신경을 쓴다. 자신에 대한 부정적 평가를 듣게 될 때 어떻게 행동해야 할까?

그 평가에 내 자신이 휩쓸리지 않도록 깊은 성찰이 필요하다. 스스로 성찰해보고 부족한 점은 채워나가면 된다. 김수근 건축가도 부여박물관이 일본 건축물과 너무 닮았다는 평가를 받았을 때, 우리 전통문화에 대해 공부하고, 우리 건축에 대해 깊이 있게 연구하였다. 그 이후로 한층 성장했고, 새롭게 발전한 건축 활동을 할 수 있었다.

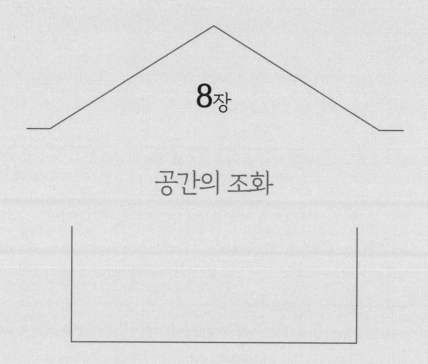

8장

공간의 조화

건축 공간에는 바닥, 벽, 천장, 창문, 방, 기둥, 지붕 등이 존재하는데 이런 것은 모두 기하학과 관련이 있다. 기하학은 선과, 면, 도형이나 공간의 성질에 대하여 연구하는 학문으로 수학의 한 분야이다.

기하학幾何學에서 '기하幾何'의 한자는 잘 모르는 길이, 넓이, 분량 등이 얼마나 되는지 물어볼 때 쓰는 말이다. 기하학geometry의 어원을 살펴보면 땅geo과, 측량metry의 뜻이 있다. 땅을 측량한다는 뜻으로 기하학은 건축물을 지을 때 매우 중요한 역할을 해왔다.

기원전 25년경 로마의 비트루비우스는 《건축십서》를 썼다. 이 책은 현존하는 가장 오래된 건축 책이다. 이 책은 인간 신체의 비례와 건축과의 관계를 설명하고 있다. 비트루비우스는 건축의 중심은 인간이어야 하며, 모든 건축은 인체 구조의 비례와 균형에 맞게 설계해야 함을 강조했다.

1490년 레오나르드 다빈치는 '비트루비우스적 인간'이라는 인체 비례도를 그렸다. 비트루비우스의 《건축십서》에 나오는 내용을 바탕으로 표현한 그림이다. 비트루비우스는 우리 몸의 각 부분은 전체와 일정한 비율로 이루어진다는 것을 설명했다.

예를 들어 양팔을 벌렸을 때 오른쪽 손끝에서 왼쪽 손끝까지의 거리는 그 사람의 키와 같다는 것이다. 또한 양손을 옆으로 벌린 길이와 키가 같기 때문에 그것을 사각형으로 이었을 때 정사각형이 된다는 것이다. 바닥에 누워서 양손을 위로 올리고 두 발을 아

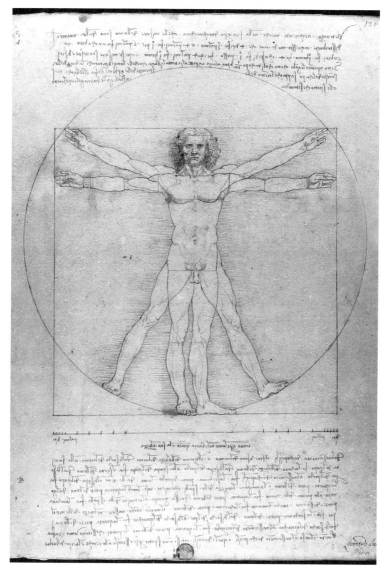

[그림 8-1] 비트루비우스적 인간. 레오나르드다빈치

래로 쭉 뻗은 다음, 컴퍼스의 중심을 배꼽에 놓고 원을 그리면 손과 발이 원주 선에 닿는다고 하였다. 고대부터 건축물을 설계할 때 사람의 몸을 기준으로 삼았고, 사람이 중심이 되었다.

비트루비우스는 건축은 자연에서 모방하고, 인간에게 편안한 휴식처가 되어야 한다고 여겼다. 비트루비우스가 주장한 건축의 세 가지 본질은 견고함, 유용성, 아름다움이다. 견고함은 구조적으로 안정되어야 하고 외부의 힘, 하중, 지진 등에 견딜 수 있도록 든든하게 지이져야 한다는 것이다. 유용성은 사람이 사용하기에 쉽고 편안해야 한다는 것이다. 즉, 가사와 식사, 휴식과 잠, 세면과 같은 기본적인 것을 해결할 수 있는 공간이 적절하게 마련되어 있어야 한다는 것이다. 아름다움은 예술적인 가치와 관련이 있다. 건축물은 인간이 감동을 받을 만큼 아름다워야 한다는 것이다.

고대부터 건축은 기하학과 함께 발전하였고, 오늘날 건축 디자인은 기하학을 바탕으로 하고 있다. 건축은 기하학적 원리와 예술적 아름다움이 어우러져야 한다. 인간은 기하학을 바탕으로 건물을 짓고, 그 건축물을 통해 아름다움을 표현해왔다.

현대 건축 양식은 어떠한가? 아름다움보다는 유용성을 강조한다. 보다 높은 이익을 위해 보다 높이 건물을 올리고, 아름다움은 뒷전으로 밀려난다. 높은 빌딩과 아파트, 상가 건물을 보면서 우리는 아무런 감흥도 느끼지 못한다. 견고함, 유용성, 아름다움의 원칙을 지키면서 건축물이 지어지길 바란다면 우리는 건축 공간에 대한 관심을 가져야 한다. 많은 사람이 관심 갖고 지켜볼 때, 정직하고 아름다운 건축물이 지어질 것이다.

오랜 세월 동안 아름답다고 느껴지는 건축물은 기하학적으로 단순하면서도 비례적인 특성을 가지고 있다. 기하학적인 비례와 조화를 통하여 얻어진 균형이다. 건물의 균형이 맞을 때 우리는 편안함과 아름다움을 느낀다.

점, 선, 면이 만나다: 직선형

여기 점 하나가 있다. 기하학적으로 보면 점은 무한히 작은 하나의 지점이다. 그러므로 점은 폭이나 높이가 없다. 모든 디자인의 기본 요소가 점이다. 모든 건축 디자인은 점에서부터 시작된다. 이 점을 무수히 이으면 선이 된다.

선은 점보다 훨씬 강하고, 쉽게 알아볼 수 있다. 건축 작업에서 선은 땅의 경계를 그리고, 도면을 그려내고, 벽면을 그리고, 창문을 그린다. 선과 선이 만나서 면이 된다. 면은 길이, 폭을 갖게 된다. 선은 1차원이고, 면은 2차원이다. 면을 상하좌우로 이어 붙이면 직육면체의 공간이 된다. 공간은 3차원이다. 면은 공간에서 경계를 나누는 역할을 한다.

지금 자신이 있는 건축물에서 면으로 이루어진 곳을 찾아보자.

가장 먼저 내 몸을 지탱하고 있는 바닥, 즉 수평면이 있다. 바닥에 어떤 재료를 쓰느냐에 따라 느낌이 달라지기도 하고, 바닥의 형태에 따라서도 다른 공간과 차이를 느끼기도 한다.

바닥이 주변 공간보다 좀 낮은 부분은 어떤 느낌이 들까? 한 두 개의 계단으로 둘러싸인 작은 공간을 떠올려보자. 계단보다 낮게 자리 잡은 그 바닥은 좀 더 편안하고, 안정되고, 아늑하다.

주변보다 높은 곳은 어떤 느낌일까? 학교 강당의 무대를 떠올려보자. 좀 더 높은 곳은 적극성과 공간의 위엄을 느낄 수 있다. 학교 축제나 행사가 있어서 무대에 올라가면서 편안함과 아늑함을 느끼는 친구가 있을까? 공간의 위엄에 눌려 떨리지 않을까?

바닥에서 수직으로 솟은 평면이 벽이다. 벽은 공간을 나누며, 바람을 막거나 시선을 차단한다. 집안에서의 벽은 공간과 공간을 분리한다. 벽이 없다면 집으로서의 기능을 하기 힘들다. 원룸도 벽으로 최소한의 공간을 분리하고 있다. 담장도 벽이다. 담장은 경계를 표시하기도 하고 시선을 차단하기도 한다.

벽과 벽이 연결되면 하나의 구석 공간이 생긴다. 구석 공간은 매력적인 편안한 공간이기도 하고, 마음에 상처가 났을 때 위로 받는 공간이기도 하다. 누군가에게 꾸지람을 받아 기분이 상했을 때 우리는 공간의 한가운데를 찾지는 않는다. 좀 더 구석진 곳을 찾아가서 쭈그리고 앉아 마음을 가라앉힌다.

하늘로 열려있는 공간은 벽으로 둘러쳐져 있다고 하더라도 온

[그림 8-2] 주변보다 낮은 공간, 풀장은 아늑함을 준다.

[그림 8-3] 주변보다 높은 공간, 단상은 위엄을 느끼게 한다.

전한 내부 공간이 아니다. 벽 위에 지붕이 얹어지면서 비와 바람을 피해 우리의 몸을 보호할 수 있어야 내부 공간이 된다. 지붕과 천장은 좀 더 안정감을 준다. 어렸을 때 의자 밑, 식탁 아래, 계단 아래 등을 찾아다니며 놀았던 기억이 있을 것이다. 우리는 본능적으로 좀 더 편안한 공간을 찾았던 것은 아닐까?

선과 면이 휘어지다: 곡선형

건축물을 보면 직선과 직선이 만난 곳도 있고, 직선과 곡선이 어우러진 곳도 있다. 건축물에서 곡선으로 이루어진 곳은 어디가 있을까? 그리 쉽게 찾아지진 않는다. 돔, 아치 등이 있다.

돔이란 반원형으로 된 지붕이나 천장을 말한다. 로마에 판테온이 있다. 판테온은 모든 신을 위한 집, 신전이다. 입구의 지붕은 삼각형 모양이고, 안으로 들어가면 돔형 천장이 나온다. 돔의 정상 부분엔 구멍이 나 있어서 하늘이 보이고, 빛이 들어온다. 비와 바람, 햇살을 안에서도 느낄 수 있다. 판테온은 처음에는 모든 신을 위해 건축하였으나 현재는 성당으로 사용되고 있다.

돔형 건축을 가능하게 한 것은 로마 사람들이 콘크리트를 만들어 냈기 때문이다. 당시 시멘트는 주로, 구운 석회석 가루를 사용

[그림 8-4] 판테온 내부, 조반니 파올로 파니니

하였고, 지금의 시멘트와는 달랐다. 로마인들은 구운 석회와 화산 재에 모래, 자갈 등을 넣어 콘크리트를 만들어 사용하였다. 돔의 아래쪽은 벽돌로, 중간 부분은 좀 더 가벼운 응회암, 정상 부분에 는 더욱 가벼운 경석을 콘크리트에 섞어서 최대한 돔의 무게를 줄 였다.

우리나라에도 돔 지붕의 건축물이 있다. 바로 석굴암이다. 석굴 암은 사람의 손으로 만든 인공 석굴이다. 화강암을 다듬어 돔 지 붕을 만들었으나 콘크리트 같은 접착제는 전혀 사용하지 않았다. 오직 쐐기돌만을 사용하여 돔의 형태를 유지하도록 한 최고의 기 하학적 건축물이다.

건축물에서 둥근 모양으로 아치가 있다. 아치는 지나다닐 수 있 는 윗부분이 둥근 형태의 문이라고 할 수 있다. 다리가 대표적인 아치 모양이다. 다리 아래로 물도 지나가고, 배도 지나갈 수 있다. 아치는 하중을 분배해주기 때문에 그 밑으로 사람이 지나갈 수 있 는 공간을 만들어 준다. 아치는 구조적으로도 우수하고 건축물에 아름다움을 더해주기도 한다.

현재 남프랑스 아비뇽의 서쪽 가르강에 퐁뒤가르 아치교가 있 다. 이 아치교는 기원전 19년 로마 시대에 건설되었다. 아래에 설 치된 다리에는 사람들이 오간다. 맨 위에 설치된 다리는 물을 운 반하는 수도교이다. 옛날 로마는 수원지에서 도시나 마을로 물을 공급하기 위해 높은 다리를 아치형으로 건설하였다.

[그림 8-5] 기원전 19년에 건설된 프랑스의 로마 수도교 퐁뒤가르

로마 제국의 세력이 확대되면서 아치 기술은 유럽의 전 지역으로 번져나갔다. 프랑스, 이탈리아, 스페인, 터키, 북아프리카 등에서 많은 로마 아치의 건축물을 볼 수 있다.

면을 둥글게 말다: 원통형

면을 둥글게 말면 원통형이 된다. 원통형의 대표적인 것이 기둥이다. 기둥은 건축물의 무게를 지탱한다. 기둥이 길게 늘어서 있는 것이 열주이다. 비트루비우스는 그리스 건축양식을 도리아, 이오니아, 코린트 양식으로 분류하였다.

파르테논 신전의 기둥 중 바깥쪽의 기둥이 도리아식이다. 도리아식의 기둥은 두껍고 조각이 새겨지지 않은 밋밋한 기둥머리로 우람하고 강한 남성적인 느낌을 준다. 왜 그럴까? 그것은 남자의 신체 비례를 바탕으로 기둥을 세웠기 때문이다. 남자의 발자국을 키와 비교했을 때 키의 1/6임을 발견하였고 이를 기둥에 적용하여 기둥 굵기의 6배만큼을 기둥의 높이로 하였다. 이렇게 도리아식 기둥은 남자 신체를 기준으로 하였기에 남성다운 비례와 강건함, 아름다움을 느낄 수 있다.

이오니아식 기둥은 섬세하고 가늘고 아름다운 여성적인 느낌을 준다. 기둥머리는 숫양의 뿔이나 소라껍질 모양을 하고 있다. 파르테논 신전에서 안쪽의 신상을 둔 공간에 쓰인 기둥이 이오니아식이다. 여자 신체는 발자국의 8배이다. 그래서 이오니아식 기둥은 굵기를 높이의 1/8로 하였다. 기둥머리에는 좌우에 동그랗게 말린 머리털과 같은 것을 놓았고, 꽃 줄 같은 것으로 장식하여 기둥을 더욱더 여성스럽게 만들었다. 여성의 신체 비례를 기준으로 하였기에 좀 더 여리고 우아한 여성적인 느낌이 드는 것이다.

코린트식 기둥은 아칸서스 나뭇잎 모양을 하고 있다. 기둥 양식들 중에서 가장 적게 사용된 양식이다. 판테온 신전의 기둥이 바로 코린트 양식이다. 코린트식 기둥의 머리 부분 장식이 만들어진 것에 대해, 전해져 내려오는 이야기가 비트루비우스의 《건축십서》 제4서 1장 9절과 10절에 기록되어 있다.

도리아식   이오니아식   코린트식

[그림 8-6] **그리스 기둥 양식**

    코린트 지방의 어느 소녀가 결혼 적령기가 되었는데 병으로 사망하였다. 유모는 그녀가 생전에 좋아했던 꽃을 바구니에 넣어서 묘지에 올려놓고, 비구니가 잘 유지되도록 기와로 덮어 놓았다. 그 바구니 아래에는 아칸서스 뿌리가 있었고, 봄이 오자 아칸서스 잎과 넝쿨이 바구니를 타고 올라갔고, 기와에 눌려 소용돌이 모양이 되었다.

그 묘지를 지나가던 당시의 대리석 석공은 그 모습이 참으로 아름답다고 느꼈다. 그는 아칸서스 잎 모양을 본 따 코린트인을 위한 기둥을 만들었다. 그래서 코린트식 기둥 양식이 생겼다. 비트루비우스는 당시 그리스의 기둥 양식을 세 가지로 분류하면서 그 비례와 아름다움을 강조했다.

건축물은 크게 바닥, 기둥, 지붕으로 나눌 수 있다. 그중에서 가장 중요하다고 생각하는 것은 무엇인가? 또 그 이유는 무엇인가? 사람마다 생각과 이유는 다를 수 있다. 건축물에서 기둥이 가장 중요하지 않을까? 기둥은 튼튼하고, 아름다워야 한다. 기둥이 제자리에 버티고 있을 때 건물이 유지된다.

기둥이 눈에 거스른다 하여 함부로 없애면 절대 안 된다. 기둥을 제거해 버리면 건물이 무너진다. 1995년 삼풍백화점 붕괴 사건이 있었다. 원래 설계대로만 건물을 지었더라면 붕괴 사고는 없었을 것이다. 인간의 욕심은 원래 계획보다 한 층을 더 높이고, 원래 설계된 기둥도 빼버렸다. 기둥을 빼버리면서 매장은 좀 더 아름답고 훤하게 보일 수 있었겠지만, 그 건물 안에서 생활하는 사람의 안전은 보장받지 못했다.

비트루비우스도 건축의 3요소 중 가장 앞에 둔 것이 견고성이었다. 아무리 아름다운 건물이라도 견고하지 않다면 그 안에서 편안하게 살 수 없다. 건축물은 튼튼하고 안전해야 하며, 우리가 살아가면서 필요한 것을 쉽게 이용할 수 있어야 하고, 아름다움을 느낄 수 있어야 한다.

우리의 삶을 비트루비우스가 주장한 건축의 3요소에 비유할 수 있다. 가장 중요한 것은 '견고함' 즉, 몸을 튼튼하게 가꾸는 것이다. 세상 모든 것을 가졌어도 건강을 잃으면 다 소용없다.

다음으로 '유용함' 즉 공동체 속에서 각자의 역할을 해낼 수 있는 역량이 있어야 한다. 사회에 기여하는 사람이 되어야 한다는 것이다.

마지막으로 '아름다움' 즉, 남을 배려하고, 사랑하고, 아끼는 사람, 즉 마음이 아름다운 사람이 되어야 한다.

건축 공간과 인간이 '견고함, 유용함, 아름다움'을 이루기 위해 서로 이야기 나누면서 살아가야 한다. 우리는 늘 건축 공간에 말을 걸고, 함께 뒹굴고, 기쁨과 슬픔을 나누면서 온전한 인간으로 성장해가고 있는 것은 아닐까?

참고 문헌

강영란,《살고 싶은 집 짓고 싶은 집》, 한빛라이프, 2014

가스통 바슐라르,《공간의 시학》, 곽광수 옮김, 동문선, 2013

강영환,《한국 주거문화의 역사》, 기문당, 1994

고재순 외,《나는 어떤 집에 살아야 행복할까》, 철수와 영희, 2013

구도 가즈미,《학교를 만들자》, 류호섭 옮김, 퍼시스북스, 2009

구본준,《구본준의 마음을 품은 집》, 서해문집, 2013

구승회,《건축학개론 기억의 공간》, 북하우스, 2013

국민대학교 건축 대학 엮음,《건축 재료의 새로운 사고》, 공간서가, 2018

그레이엄 클라크,《공간과 시간, 그리고 인간》, 정기문 옮김, 푸른길, 2011

김경인,《공간이 아이를 바꾼다》, 중앙북스, 2014

김광현,《건축이 우리에게 가르쳐 주는 것들》, 뜨인돌, 2018

김광현,《에워싸는 공간》, 안그라픽스, 2018

김미리 외,《삶을 닮은 집, 삶을 담은 집》, 더숲, 2012

김성홍,《길모퉁이 건축》, 현암사, 2013

김예슬,《촛불혁명》, 박노해 감수, 느린걸음, 2017

김종철,《촛불혁명의 뿌리를 찾아서》, 썰물과 밀물, 2017

김종진,《공간 공감》, 효형출판, 2012

김준성,《개념에서 건축으로》, 미메시스, 2018

김진애,《이 집은 누구인가》, 샘터, 2006

김진애,《집놀이》, 반비, 2018

김철수,《공간의 이해》, 계명대학교 출판부, 2013

김홍열,《디지털 시대의 공간과 권력》, 한울, 2013

꿈비행,《세상 모든 건축가의 건축 이야기》, 꿈소담이, 2009

나카무라 요시후미, 《내마음의 건축 상》, 정영희 옮김, 다빈치, 2011

나카무라 요시후미, 《내마음의 건축 하》, 정영희 옮김, 다빈치, 2011

나카무라 요시후미, 《집을 생각하다》, 정영희 옮김, 다빈치, 2017

나카무라 요시후미, 《집을 순례하다》, 황용준, 김종하 옮김, 2011

나카야마 시게노부, 《세상에서 가장 친절한 주택디자인 교과서》, 김은진 옮김, 다빈치, 2013

노버트 쉐나우어, 《집-6000년 인류주거의 역사》, 다우, 2004

노은주 외, 《사람을 살리는 집》, 예담, 2013

대한건축학회, 《건축공간론》, 기문당, 2010

데이미언 톰슨, 《책과 집》, 정주연 옮김, 오브제, 2012

도린 매시, 《공간, 장소, 젠더》, 서울대학교출판문화원, 2016

래티티아 퐁텐, 로맹앙제, 《건축, 흙에 매혹되다》, 김순웅, 조민철 옮김, 효형출판, 2012

루이스 헬만, 《루이스 헬만의 재미있는 건축이야기》, 임종엽 옮김, 도서출판국제, 2005

르 코르뷔지에, 《건축을 향하여》, 이관석 옮김, 동녘, 2013

리나, 《거침없이 빠져드는 역사이야기, 건축》, 김유경 옮김, 시그마북스, 2011

모리스 히키 모건 편저, 《비트루비우스 건축십서》, 오덕성 옮김, 기문당, 2011

박노해, 《그러니 그대 사라지지 말아라》, 느린걸음, 2016

사가와 아키라, 《최고의 집을 만드는 공간배치의 교과서》, 황선종 옮김, 더숲, 2013

사이먼 암스트롱, 《멋진 건축 이야기》, 이지민 옮김, 그린북, 2015

사이토 마사오, 《건축, 공간, 구조이야기》, 박찬수 외 옮김, 기문당, 2009

서윤영, 《건축, 권력과 욕망을 말하다》, 궁리, 2014

서윤영, 《사람을 닮은 집, 세상을 담은 집》, 서해문집, 2012

서윤영, 《집에 들어온 인문학》, 들녘, 2014

소린밸브스, 《공간의 위로》, 윤서인 옮김, 문예출판사, 2014

송순재, 《상상력으로 교육에 말 걸기》, 아침이슬, 2011

송승훈 외, 《제가 살고 싶은 집은》, 서해문집, 2012

스즈키 토시히코 외, 《세상에서 가장 친절한 건축디자인 교과서》, 김은진 옮김, 다빈치, 2013

승효상, 《보이지 않는 건축 움직이는 도시》, 돌베개, 2017

승효상, 《빈자의 미학》, 느린걸음, 2017

알랭드 보통, 《행복의 건축》, 청미래, 2014

양진석, 《양진석의 친절한 건축이야기》, 위즈덤, 2011

어룡초등학교 교직원, 《왜 학교공간인가》, 도서출판 북트리, 2017

에른스트 H. 곰브리치, 《곰브리치 세계사》, 비룡소, 2016

에스더 M, 스턴버그, 《공간이 마음을 살린다》, 서영조 옮김, 2014

연세대학교 밀레이넘환경디자인연구소, 《친환경 공간디자인》, 연세대학교출판부, 2012

오토 프리드리히 볼노, 《인간과 공간》, 이기숙 옮김, 에코리브르, 2011

유현준, 《도시는 무엇으로 사는가》, 을유문화사, 2015

유현준, 《어디서 살 것인가》, 을유문화사, 2018

이상헌, 《몸과 마음을 살리는 행복공간 라운징》, 프런티어, 2015

이상현, 《이야기를 따라가는 한옥여행》, 시공아트, 2012

이상현, 《인문학 한옥에 살다》, 채륜서, 2013

이석용, 《건축, 교양이 되다》, 책밥, 2016

이시형 외, 《의사가 권하고 건축가가 짓다》, 한빛라이프, 2015

이일훈, 《나는 다르게 생각한다》, 사문난적, 2013

이종관, 《공간의 현상학 풍경 그리고 건축》, 성균관대학교출판부, 2013

이지호 외,《탄핵 광장의 안과 밖》, 책담, 2017

임석재,《한국의 전통 공간》, 이화여대출판부, 2005

임형남 외,《집 도시를 만들고 사람을 이어주다》, 교보문고, 2014

임형남 외,《이야기로 집을 짓다》, 교보문고, 2010

임형남 외,《작은 집 큰 생각》, 교보문고, 2011

잔니 로다리,《옛이야기처럼 읽는 세계사》, 이승수 옮김, 비룡소, 2016

장정제 외,《생활속의 건축이야기》, 시공문화사, 2010

장정제,《알기 쉬운 건축 이야기》, 시공문화사, 2015

정상오 외,《건축가의 정원, 정원사의 건축》, 한숲, 2016

조남호 외,《집짓기 바이블》, 마티, 2013

조원용,《건축, 생활속에 스며들다》, 씽크스마트, 2017

조재현,《공간에게 말을 걸다》, 멘토 프레스, 2012

주부의벗사,《빛, 바람, 동선이 좋은 집짓기》, 노경아 옮김, 삼호미디어, 2014

주부의친구,《예산에 맞춘집》, 박은지 옮김, 마티, 2013

지오 폰티,《건축 예찬》, 김원 옮김, 2014

최윤필,《겹겹의 공간들》, 을유문화사, 2014

콜린 엘러드,《공간이 사람을 움직인다》, 문희경 옮김, 더퀘스트, 2016

크리스티안 리틀마이어,《느낌이 있는 학교건축》, 송순재·권순주 옮김, 내일
  을 여는 책, 2005

파나요티스 A. 미헬리스,《건축미학》, 김진혁 옮김, 까치, 2007

페터 춤토,《페터 춤토르 건축을 생각하다》, 장택수 옮김, 2013

한윤정,《집이 사람이다》, 인물과 사상사, 2017

한홍구,《광장, 민주주의를 외치다》, 창비, 2017

헤르만 헤르츠버거,《헤르만 헤르츠버거의 건축 수업》, 안진이 옮김, 효형출
  판, 2012

도판 출처

〈1장〉

그림 1-1 https://pxhere.com/ko/photo/821264

그림 1-2 ⓒ 한현미

그림 1-3 https://ko.wikipedia.org/wiki/%EC%B4%88%EA%B0%80#/mediaFile:Choga_1.jpg

그림 1-4 https://commons.wikimedia.org/wiki/File:Royal_Ontario_Museum2.jpg By Gisling

〈2장〉

그림 2-1 https://en.wikipedia.org/wiki/Insula_(building)#/media/File:OstianInsula.JPG

그림 2-2 https://commons.wikimedia.org/wiki/File:Tower_Palace.JPG, By Gapo at Korean Wikipedia

그림 2-3 https://commons.wikimedia.org/wiki/File:Korea-Samcheok-Neowajip-Shingled_house-02.jpg?uselang=ko By Junho Jung at Flickr from South Korea

그림 2-4 https://commons.wikimedia.org/wiki/File:Korea-Samcheok-Gulpijip-Bark_shingled_house-01.jpg By Junho Jung at Flickr from South Korea

그림 2-5 https://gongu.copyright.or.kr/gongu/wrt/wrt/view.do?wrtSn=13067968&menuNo=200025 ⓒ 한국교육방송공사

〈3장〉

그림 3-1 ⓒ Katsuhisa Kida

그림 3-2 ⓒ Katsuhisa Kida

그림 3-3 ⓒ Tezuka Staff

그림 3-4 ⓒ 한현미

그림 3-5 ⓒ 한현미

그림 3-6 ⓒ 정은광

그림 3-7 ⓒ 신윤철

그림 3-8 ⓒ 한현미

그림 3-9 ⓒ 한현미

그림 3-11 ⓒ 한현미

〈4장〉

그림 4-1 ⓒ 신윤철

그림 4-2 ⓒ 한현미

그림 4-3 https://commons.wikimedia.org/wiki/File:PompeiiStreet.jpg

그림 4-4 https://commons.wikimedia.org/wiki/File:Estradas_consulares. svg, By Nuno Tavares

그림 4-5 https://www.flickr.com/photos/giuseppemilo/26401919560, By Giuseppe Milo

그림 4-6 https://pxhere.com/ko/photo/1031898

그림 4-7 ⓒ 최승훈

〈5장〉

그림 5-1 https://commons.wikimedia.org/wiki/File:ParisPlaceEtoile.jpg, By

Gérard Janot

그림 5-3 https://commons.wikimedia.org/wiki/File:Skyline-Dubai-2010.jpg,
By Nepenthes

그림 5-4 https://commons.wikimedia.org/wiki/File:Bon_march%C3%A9.
jpg, By Arnaud Malon from Paris, France

그림 5-5 https://fr.wikipedia.org/wiki/Le_Bon_March%C3%A9#/media/
File:AuBonMarcheCorsetsPage14.gif, By Paul-François Berthaud

그림 5-6 https://commons.wikimedia.org/wiki/File:Bon_March%C3%A9,_
Paris_-_interior_view.JPG, By Daderot

그림 5-7 https://commons.wikimedia.org/wiki/File:Seoul_in_1949_13.
jpg?uselang=ko

그림 5-8 https://commons.wikimedia.org/wiki/File:Dongdaemun_Design_
Plaza_at_night,_Seoul,_Korea.jpg, By Eugene Lim

그림 5-9 https://commons.wikimedia.org/wiki/File:Guggenheim_museum_
exterior.jpg, By Finlay McWalter

그림 5-10 https://commons.wikimedia.org/wiki/File:Guggenheim-bilbao-
jan05.jpg, By MykReeve

그림 5-11 https://commons.wikimedia.org/wiki/File:Sydney_Opera_
House_from_Circular_Quay.jpg, By NotTarts

〈6장〉

그림 6-1 https://commons.wikimedia.org/wiki/File:Parthenon_from_west.
jpg, By Mountain

그림 6-2 https://commons.wikimedia.org/wiki/File:SF_-_lago.jpg, By
Canaan

그림 6-3 https://commons.wikimedia.org/wiki/File:Korea-Gyeongju-
Seokguram-12.jpg, By eimoberg

그림 6-4 문화재청 http://www.heritage.go.kr/heri/cul/imgHeritage.do?cci
mId=1612718&ccbaKdcd=11&ccbaAsno=00240000&ccbaCtcd=37

그림 6-5 https://fr.wikipedia.org/wiki/Fichier:Villa_Savoye.jpg, By Michal
Lewi

그림 6-6 ⓒ 한현미

그림 6-7 ⓒ 한현미

그림 6-8 https://commons.wikimedia.org/wiki/File:Great_Pyramid_
Diagram.svg, By Jeff Dahl

그림 6-9 https://ko.wikipedia.org/wiki/%ED%8C%8C%EC%9D%BC:Skogsk
yrkogarden-night-2007-11-03.JPG, By BloodIce

그림 6-10 https://www.flickr.com/photos/wonker/2374539108, By wonker

그림 6-11 https://commons.wikimedia.org/wiki/File:Jongmyo-Jeongjeon.
jpg, By João Trindade

그림 6-12 ⓒ 한현미

〈7장〉

그림 7-1 https://commons.wikimedia.org/wiki/File:Taj_Mahal_in_
March_2004.jpg By Dhirad, picture edited by J. A. Knudsen

그림 7-2 ⓒ 권성구

그림 7-3 https://commons.wikimedia.org/wiki/File:Crystal_Palace_-_
Queen_Victoria_opens_the_Great_Exhibition.jpg

그림 7-4 https://pxhere.com/ko/photo/424590

그림 7-5 ⓒ 신윤철

〈8장〉

그림 8-1 https://commons.wikimedia.org/wiki/File:Da_Vinci_Vitruve_Luc_
Viatour.jpg

그림 8-2 https://pxhere.com/ko/photo/630731

그림 8-3 https://pxhere.com/ko/photo/630731

그림 8-4 https://commons.wikimedia.org/wiki/File:Giovanni_Paolo_
Panini_-_Interior_of_the_Pantheon,_Rome_-_Google_Art_Project.
jpg

그림 8-5 https://commons.wikimedia.org/wiki/File:Pont_du_gard.jpg, By
ChrisO